AF144386

BOOKS on DEMAND

DEBORAH FALK

Sonne und eine Tasse Kaffee

Gespräche über den Sinn des Lebens

Bibliographische Information der Deutschen Nationalbibliothek: Die Deutsche Nationalbibliothek verzeichnet diese Publikation in der Deutschen Nationalbibliografie; detaillierte bibliografische Daten sind im Internet über http://dnb.dnb.de abrufbar.

Umschlagbild: © Deborah Falk
Innenabbildungen: © Deborah Falk

1. Auflage
Herstellung und Verlag:
BoD - Books on Demand, Norderstedt

ISBN: 978-3-7357-3838-7

Für Bärbel

»Es ist nicht unsere Unfähigkeit, die wir fürchten. Es sind unsere Fähigkeiten, denn sie schaffen Verantwortung.«

 **Vorwort** Geschafft! Ich klappe das Buch mit einem lauten *Plopp* zu, lehne mich zurück und seufze tief.

Die Vögel in den Bäumen rundherum zwitschern wild durcheinander. Ich muss kichern. Es klingt, als würden sie für mich applaudieren. Weil ich es geschafft habe. Ich kann nicht fassen, dass ich fertig bin! So stolz war ich noch nie auf mich selbst, noch nicht einmal nach dem Abitur. Die Sonne scheint auf mich herab. Und nicht nur die Vögel applaudieren, auch der bunte Blumenteppich neben dem Garten scheint ein einziges Fest mit mir zu feiern. Die Gräser und Blumen tanzen im Wind und neigen ihre kleinen Köpfchen, verbreiten feierlich ihren süßen Duft.

Ich habe mir diesen Moment so oft vorgestellt, aber in meinen kühnsten Träumen war er nie so schön wie jetzt. Dass ein Mensch so glücklich sein kann! Noch wenige Monate zuvor hätte ich das nicht für möglich gehalten. Noch vor jenem Tag beherrschten Gelähmtheit, Zukunftsangst und Alltagstrott mein Leben. Ich war ohne Ziel, ständig unzufrieden und erschöpft.

Bisher fand ich es albern, wenn Leute behaupteten, ein Ereignis oder ein bestimmter Mensch hätten ihr Leben verändert. Die Vorstellung einer Erkenntnis oder einer Idee, die plötzlich alles zum Besseren wendet, schien mir übertrieben. Als ob das so schnell gehen könnte!

Heute denke ich anders. Da, wo ich innerlich jetzt stehe, stünde ich nicht, hätte es jenen Tag vor wenigen Monaten nicht gegeben. Hätte ich jene Menschen nicht getroffen, die ich im Grunde gar nicht kannte, die mir auf beinahe magische Weise das größte Geschenk machten, das ein Mensch erhalten kann: eine völlig neue Perspektive. Luise, Peter, Ivana und vor allem Richard. Ich sehe ihre Gesichter vor mir, als sei es gestern gewesen.

Ich betrachte das Foto neben meiner Kaffeetasse. Läge dieses Bild nicht vor mir, würde ich vielleicht glauben, dass alles nur ein Traum war. Ich werde diesen Menschen auf ewig dankbar sein. Für ihre Worte und ihre Fähigkeit, mich auf das hinzuweisen, was ich nicht sehen konnte. Was für ein Tag! Ein Tag, der mein Leben umkrempeln sollte und der doch so unscheinbar begann.

 **1** Es war ja nicht so, als ob ich mich nicht auf den Tag gefreut hätte. Ich hatte die Fahrt schließlich gebucht, weil ich gerne reise und einfach Lust hatte, etwas zu unternehmen. Irgendetwas musste ich ja mit meiner freien Zeit anstellen.

Doch, ich freute mich. Es war nur so, dass ich nicht besonders lange geschlafen hatte, da ich meinen Gedankenwirbelsturm wieder einmal nicht in den Griff bekommen und daher bis spät in die Nacht wach im Bett gelegen hatte. So lange, dass ich beinahe die Nacht hätte durchmachen können. Bereits um vier Uhr hatte der Wecker geläutet. Das musste so früh sein, da der Bus bereits um 6.30 Uhr abfahren sollte und ich vorher noch gemütlich hatte frühstücken wollen.

Das Frühstück wurde nur halb so gemütlich, da ich nach der Fahrt mit der S-Bahn, bei der ich immer wieder gegen den Schlaf hatte ankämpfen müssen, so gerädert an meinem Tisch in dem Bahnhofslokal gesessen war, dass ich kaum etwas hinunter bekommen und mich gleichzeitig etwas fehl am Platz gefühlt hatte, so früh am Morgen – zusammen mit Besoffenen, die wohl die Nacht durchgemacht hatten und müffelnden Obdachlosen – allein im Münchner Hauptbahnhof zu sitzen. Ein Gefühl der Verlorenheit hatte sich zunehmend in mir breit gemacht.

Genauso fehl am Platze kam ich mir jedoch auch *nun* vor, da ich endlich im Bus saß. Um mich blickend, sah ich mich von Herrschaften älteren Semesters umgeben, die alle wild durcheinander redeten. Es drängte sich mir die Frage auf, was ich junges Ding hier eigentlich früh morgens alleine in einem Ausflugsbus für Rentner zu suchen hatte. Was würde mich an diesem Tage wohl noch alles erwarten? Wenn ich heute daran zurückdenke, wird mir deutlich bewusst, in welchem Ausmaß das Gefühl der Verlorenheit und der Erschöpfung symbolisch für meine früheren Jahre ist.

Dass ich hier nicht ganz in meiner Altersklasse unterwegs war, schien nicht nur mir aufgefallen zu sein. Auch der Busfahrer hatte mich beim Entwerten meiner Fahrkarte mit einem neugierig-nachdenklichen Blick gemustert.

Na toll. Ein älterer Herr setzte sich neben mich. Zu meiner Empörung drückte mich seine füllige Körpermasse ruckartig gegen das Fenster, so dass ich, dermaßen zwischen den Mann und die Scheibe gequetscht, nur mehr hoffen konnte, die etwa vierstündige Fahrt möge so schnell wie möglich vergehen.

Gereizt drehte ich Däumchen und studierte mein Ticket, während der Bus seine Reise begann.

Tagesfahrt München-Bozen. Abfahrt 06.30Uhr Hauptbahnhof, Ankunft Bozen gegen 10.30Uhr.

Es hatte keinen besonderen Grund, dass ich Bozen als Ziel meines Ausflugs gewählt hatte. Ich war zufällig beim ziellosen Surfen im Internet auf diesen Reiseveranstalter gestoßen, der eine Reihe von Tagesfahrten zu unterschiedlichen Zielen anbot. Da ich Bozen bisher nur von unseren Familienurlauben an den Gardasee her kannte, als wir auf der Durchreise immer wussten, dass wir im Süden waren, da es ab Bozen deutlich wärmer wurde und da es die zeitlich nächstgelegene Fahrt war, hatte ich spontan gebucht.

Die Aussicht auf das morgendliche Verkehrschaos des grauen Münchens interessierte mich nicht. Genervt von dem sonoren Schnarchen neben mir schloss ich die Augen.

Als ich sie wieder öffnete, blickte ich auf eine völlig veränderte Landschaft. Vor mir erstreckten sich die teilweise noch schneebedeckten Felsspitzen Tirols, wie eine Modelleisenbahn-Landschaft. Wie lange war ich nicht mehr in den Alpen gewesen! Und wie schön hätte diese Landschaft erst sein können, wäre sie nicht von dicken Wolken überhangen gewesen, die bedrohlich lauernd schwere Schatten über das Bergidyll warfen.

Meine Bewunderung für diese Schönheit wurde immer wieder durchbrochen durch den nun auch noch sabbernden Mann neben mir, der noch nicht einmal merkte, dass sein Kopf inzwischen beinahe auf meiner Schulter lag. Angewidert zog ich mich weiter in Richtung Fenster zurück und war heil froh, als der Bus schließlich für eine kleine Pause an einem Rasthof anhielt, so dass ich die eingeschlafenen Füße etwas bewegen konnte.

Während sich die Fahrgäste allmählich wieder um den Bus herum versammelten, ließ ich den Blick über die Landschaft schweifen. Ich bekam eine Gänsehaut. Wie klein und unbedeutend der Mensch schien, angesichts dieser Felsriesen!

»Unglaublich, nicht wahr?«, hörte ich eine Stimme neben mir sagen und blickte überrascht in das sonnengebräunte Gesicht des Busfahrers. Augenblicklich erweckten die feinen Fältchen um seine kaffeebraunen Augen in mir ein Gefühl der Wärme und Vertrautheit. Trotz seiner schlanken und sportlichen Figur schätzte ich ihn, angesichts der angegrauten Schläfen und der feinen Fältchen um Mund und Augen, auf Anfang 50.

»Ja, wirklich traumhaft schön«, antwortete ich mit heiserer Stimme, da ich heute noch mit kaum jemandem gesprochen hatte. »Das sollte man viel öfter sehen.«

»Dann tun Sie es doch!«, antwortete der Mann knapp. Noch ehe ich etwas erwidern konnte, hatte er sich schon einer älteren Dame zugewandt.

»Wie lange wird die Fahrt denn noch dauern?«, wollte sie wissen.

»Na, noch zwei Stunden.«

Zwei Stunden. Ich schloss die Augen. So verpasste ich die weitere Fahrt durch das wolkenverhangene Tirol ebenso wie den immer lichter werdenden Himmel Norditaliens. Aber endlich, endlich konnte ich schlafen.

2 Bei meinem nächsten Erwachen blinzelte ich mehrmals. Die Sonne vor dem tiefblauen Himmel schien plötzlich so hell, dass ich erschrak. Es war Frühling, doch bislang hatte es nicht viele Sonnentage gegeben. Kein Zweifel: Wir waren in Italien.

Abgeschreckt durch den eher enttäuschenden Anblick des Busbahnhofes, aber animiert durch die Neugierde auf diese für mich neue Stadt und das strahlende Wetter, sprang ich aus dem Bus und machte mich, den anderen Touristen folgend, auf den Weg in die Altstadt.

Der Schlaf hatte gut getan. Ich zog angesichts der angenehmen Vormittagswärme meine Jacke aus. Es verging eine halbe Stunde, in der ich mich, da ich keinen Stadtführer dabei hatte, einfach durch das Menschengewirr in den hübschen Gassen der Bozener Altstadt treiben ließ.

Nach wie vor fühlte ich mich etwas ermattet von der Fahrt, dem frühen Aufstehen, oder was auch immer der Grund sein mochte. Ich ärgerte mich über mich selbst. Da unternahm ich eine Reise in ein so hübsches Städtchen, ohne wirklich geistig anwesend zu sein. Ohne mich auf die Eindrücke um mich herum einlassen zu können. Ohne genießen zu können und ganz da zu sein. Deprimiert ließ ich mich auf die nächstbeste Sitzbank auf einem kleinen Platz plumpsen.

»Hallöchen«, hörte ich eine heitere Männerstimme rufen. Ich fühlte mich nicht angesprochen, schließlich kannte ich hier niemanden.

»Sie kenne ich doch«, fügte dieselbe Stimme mit einem Lachen hinzu. Überrascht blickte ich in das fröhliche Gesicht unseres Busfahrers.

»Ah, hallo«, erwiderte ich müde.

»Sie sind aber noch nicht sehr weit gekommen.« Er deutete auf die Sitzbank.

Ich fragte mich, was er wohl ausgerechnet hier zu suchen hatte. Gleichzeitig war es mir peinlich, nichts anderes zu tun zu haben, als wie eine Rentnerin auf einer Sitzbank zu gammeln, während die eigentlichen Rentner aus dem Bus wahrscheinlich voller Elan durch die Stadt pirschten. Hilflos erwiderte ich: »Naja, ich kenne mich hier nicht aus. Bin zum ersten Mal hier.«

Der Busfahrer nickte verständnisvoll. »Tja, Sie hätten sich aber auch einfach umdrehen können. Sehen Sie, hinter Ihnen hängt ein Stadtplan.«

Ich drehte mich um zu der Stelle, auf die er gezeigt hatte. Und tatsächlich: ein großer Stadtplan, auf dem die wichtigsten Sehenswürdigkeiten der Stadt deutlich hervorgehoben waren.

»Den habe ich gar nicht gesehen«, gestand ich.

»Wir bemerken oft nicht, was direkt vor unserer Nase ist. Sie sind also zum ersten Mal hier. *Wollten* Sie denn ganz alleine kommen?«

»Nun, ja, eigentlich schon.« Ich fragte mich, was ihn das anging.

»Ich frage das nicht aus Spott«, erwiderte der Mann schnell. Er hatte meinen skeptischen Gesichtsausdruck interpretiert. »Im Gegenteil. Ich bewundere den Mut, alleine wegzufahren. Nicht jeder würde das tun. Darf ich mich setzen?«

Ich nickte höflich. Meine Begeisterung über eine Smalltalk-Konversation mit einem wildfremden Mann, den ich ohnehin nie wieder sehen würde, hielt sich jedoch in Grenzen.

»Viel mehr Menschen sollten solche Fahrten unternehmen. Und wissen Sie, warum?«

Ich schüttelte den Kopf.

»Nun, Voltaire soll einmal gesagt haben: *Reisen muss man, oder man kommt hinter nichts*. Ich kann ihm da zustimmen. Eine einzige Reise, sei es auch nur ein einziger Tag, so wie *Sie* heute für einen Tag nach Südtirol fahren, kann einen Menschen aus seinem Alltagstrott herausreißen. Ich habe die Erfahrung gemacht, dass man durch das

Unterwegssein automatisch Abstand zu vielen Dingen bekommt. Durch Distanz sieht man zwangsläufig vieles klarer. Es kann sich eine völlig neue Perspektive ergeben. Man entwickelt sogar Pläne oder Ziele, weiß plötzlich genau was man will, oder auch nicht will.«

Etwas verwundert über den Redeschwall dieses Mannes erklärte ich: »Ich bin lange nicht mehr verreist. Daher wollte ich die Gelegenheit heute nutzen. Ein klarer Kopf täte mir auch gut«, fügte ich noch leise hinzu.

Der Mann schaute mich eine Weile schweigend an und nickte, als verstünde er etwas, das ich eigentlich gar nicht ausgesprochen hatte.

»Nun, da Sie sich hier nicht auskennen, wie wäre es, wenn ich Ihnen ein bisschen die Stadt zeige? So könnten wir bei einem Spaziergang unsere interessante Unterhaltung fortsetzen.«

Einen Augenblick lang schwieg ich, während die Gedanken wild durch meinen Kopf schwirrten. Ich kannte diesen Mann nicht. Ich wunderte mich über seine Offenheit und sein Angebot, mich zu begleiten. Wollte er etwas von mir? War ich ihm nicht viel zu jung? Woher nahm er diese Fröhlichkeit, diese Energie? Oder war er am Ende einfach ein Spinner, der jeden zutextete, der nicht bei drei auf den Bäumen war? Hatte er mich verfolgt? Andererseits, was hätte ich ansonsten den Rest des Tages angefangen, in dieser fremden Stadt, wo ich doch so müde war? Während seiner Worte hatte ich meine Müdigkeit völlig vergessen.

Schließlich antwortete ich lächelnd: »Ja, das wäre toll«. Heute bin ich mehr als froh über diesen Entschluss.

»Im Übrigen, ich hoffe, du denkst nicht, dass ich dich verfolgt habe. Ich war auf dem Weg zu meinem Lieblingscafé«, lachte er und ich errötete, da ich diese Möglichkeit tatsächlich in Betracht gezogen hatte.

Inzwischen hatten wir einander vorgestellt und uns das *Du* angeboten. Sein Name war Richard.

Auf einem einstündigen Spaziergang erläuterte er mir die wichtigsten Straßen, Plätze und Gebäude der Altstadt, die mich nun, da ich einen Stadtführer an meiner Seite hatte und von meinen faden Gefühlen der Leere und Sinnlosigkeit abgelenkt war, zunehmend faszinierte. Ich staunte über die mittelalterlichen Ansitze, die hübschen Häuser in Tiroler Architektur, die fröhlich-bunten Fassaden mit Fresken und Erkern. Und ich genoss die Sonne, deren Strahlen sich nach dem langen, schneereichen Winter wie ein Streicheln auf meiner sonnenhungrigen Haut anfühlten.

»Ich glaube, ich werde von nun an öfter solche Fahrten machen«, verkündete ich heiter.

»Das solltest du unbedingt. Wie gesagt, jeder Mensch sollte sich den Luxus gönnen, hin und wieder aus dem Alltag auszubrechen. Und zwar selbst dann, wenn er vielleicht gar keine Lust dazu hat und eher schlechter Laune ist. Die Kunst dabei ist die, sich selbst zu überwinden.«

Bei diesem letzten Satz fühlte ich mich geradezu ertappt. Doch plötzlich fiel mir auf, dass sich die schlechte Laune, mit der ich morgens losgefahren war, in Luft aufgelöst hatte.

»Solltest du also einmal in der Krise stecken, dich überfordert oder einfach leer fühlen und nicht weiter wissen, dann lass alles hinter dir. Fahre irgendwohin. Am besten an einen für dich neuen, neutralen Ort. Das Reisen bildet. Man sammelt Erfahrungen, die man niemals machen könnte, wenn man sein Zuhause nie verlassen würde. Daher erweitert Reisen nicht nur den Horizont. Es geht danach garantiert bergauf, da man dabei intensiv nachdenkt - oder aber den Gedanken einfach einmal freien Lauf lässt. Und in irgendeiner Hinsicht lernt man immer etwas dazu, was dem Individuum, wie auch der Gesellschaft, dient. Und ein glücklicher Mensch kann die Gesellschaft nur verbessern«, fügte er grinsend hinzu.

»Und noch etwas: Ich finde es toll, dass du *alleine* reist. Die meisten Menschen haben verlernt, alleine zu sein. Sie fürchten die Einsamkeit. Sie wissen mit sich selbst häufig gar nichts anzufangen. Dabei ist das Alleinsein nicht gleichzusetzen mit Einsamkeit.« Er schüttelte in Gedanken versunken den Kopf. »Nein. Wie das Reisen an sich, so liegt auch im Alleinsein eine große Chance. Die Chance, einen genaueren Blick auf sich selbst und das eigene Leben zu werfen. Das kann man lernen. Und wer mit sich selbst allein sein kann, der kann nicht einsam sein. Aber lassen wir das. Ich werde dir sicher viel zu philosophisch.«

Er lachte sein herzliches Lachen und ich lachte mit. Ich hatte den Eindruck, dass dies die Worte eines Mannes waren, der wusste, wovon er sprach. Was ich jedoch nicht ahnte, war, in wie weit seine weiteren Worte mein Leben verändern sollten.

**3**   »Als Busfahrer dürftest du ja viel herumkommen. Da siehst du sicher viel Schönes«, sagte ich nach einer Weile.

»Ja, das stimmt. Wohl mit ein Grund dafür, dass ich mich für diesen Job entschieden habe.«

»Ich frage mich, ob du es denn überhaupt noch zu schätzen weißt, wenn du so oft die Möglichkeit hast, neue Orte zu sehen?«

»Warum sollte ich nicht?«

»Nun ja«, druckste ich herum, „ich denke mir, wenn man etwas jeden Tag hat oder tun kann, dann verliert man irgendwann die Freude daran. Das sagt man doch immer so.«

Mit einem gespielt nachdenklichen Blick erwiderte Richard: »Tja, ich weiß nicht, wer *man* ist, den habe ich noch nicht kennen gelernt. Aber ich sage dir etwas: Es stimmt, dass die Freude und Wertschätzung an Dingen nachlassen kann. Du kannst dir jedoch sicher sein, dass das in erster Linie für Dinge materieller Natur gilt.«

Mir war nicht ganz klar, worauf er hinauswollte. Daher erklärte er weiter: »Nehmen wir an, jemand spart viele Jahre auf sein Traumauto. Kann er es sich dann endlich leisten, ist die Begeisterung zunächst groß. Doch mit der Zeit ist das neue Auto nicht mehr neu und der Luxus, sein eigenes Traumauto zu besitzen, wird zur Gewohnheit. Dann ist da nicht mehr dieselbe Freude und Begeisterung wie zu Beginn. Der Wagen bekommt vielleicht Kratzer, fährt sich ab. Und der Mensch sieht sich nach einem neuen Traumauto um, ohne jedoch zu erkennen, dass die Vorfreude, die Freude, das neue Auto zu besitzen, nur einen Kick darstellt. Ein Kick, der verfliegt, sobald kein Anlass für den Kick mehr da ist. Und das ist genau immer *dann* der Fall, wenn man den ersehnten Gegenstand besitzt. Dann fehlt dieser Kick und man sucht einen neuen.«

Ich dachte einen Augenblick nach. »Gilt das auch für zwischenmenschliche Beziehungen?«

»Absolut. Wenn etwa die Traumfrau im Laufe der Zeit zur Gewohnheit wird und auf einmal nicht mehr die Traumfrau ist, weil der oberflächliche Kick weg ist und die wahre Liebe fehlt. Meist fehlt dann auch die Motivation, an der Beziehung zu arbeiten. Aber das ist ein anderes Thema.«

Bei dem letzten Satz blickte er gedankenverloren auf den Boden. Ich wagte jedoch nicht, nach dem Grund seiner Nachdenklichkeit zu fragen. Schließlich fuhr er fort: »Ich denke jedoch, dass das hauptsächlich auf materielle Dinge zutrifft.

Auf Dinge, die der spontanen Bedürfnisbefriedigung dienen. Sieh mal, ich habe diesen Job gewählt, weil ich es genau *so* wollte. Weil ich das Reisen liebe. Weil es mich nicht stört, stundenlang am Steuer zu sitzen. Ich fahre dabei durch traumhafte Landschaften und stehe den Fahrgästen bei Fragen zur Seite. Ich mache ihnen einen schönen Tag, bringe sie sicher ans Ziel und gehe dabei noch meinen eigenen Interessen nach. Kann durch schöne Städte schlendern und das Leben genießen, so wie jetzt gerade. Warum also sollte es langweilig werden? Das sind Dinge, die ich wirklich von Herzen gerne tue. Und darum wird es nie zur Gewohnheit. Es verliert seinen Reiz nicht.«

Es war viel Information auf einmal. Aspekte, die ich nie in dieser Form hinterfragt hatte. Doch ich erkannte die Logik hinter seinen Worten.

»Verstehe. Und die eigenen Eltern beispielsweise, die liebt man aufrichtig und ohne Hintergedanken. Daher liebt man sie in der Regel ein Leben lang, ohne dass es allzu sehr zur Gewohnheit wird. Dasselbe gilt für Geschwister und Freunde, während man den Partner hingegen oft mehrmals im Laufe des Lebens wechselt.«

»Gut beobachtet«, meinte Richard zustimmend. »Und kannst du dir erklären, warum man an Partnern oft so schnell das Interesse verliert?«

»Nun, vielleicht erkennt man bei genauerem Hinsehen, dass es eher das Aussehen war, das einen reizte, ohne dass man wirklich dessen Persönlichkeit geliebt hat. Oder dass man nicht allein sein wollte und deshalb an einer Beziehung festhält, auch wenn sie einem nichts bedeutet.«

»So ist es«, nickte Richard anerkennend. »Der vermeintliche Lebenspartner ist dann eben häufig doch nicht der Partner fürs Leben, sondern dient nur der kurzfristigen Bedürfnisbefriedigung, ähnlich wie das Auto in unserem vorigen Beispiel. Traurig eigentlich, dass ein Partner oft vergleichbar ist mit einem Auto. Oder einem Fernseher, dem neuesten Computer, neuen Klamotten oder was auch immer. Das heißt, er ist ersetzbar.«

»Ja«, stieß ich begeistert hervor, denn inzwischen war ich richtig in Fahrt gekommen und verlor meine Schüchternheit zunehmend. »Und wenn ich es mir recht überlege, dann verliert man an gewissen Dingen *nie* das Interesse. Ich meine, auch ich reise beispielsweise gerne oder lese ein Buch oder male und liebe Filme. Und an diesen Dingen habe ich noch nie das Interesse verloren. Manchmal habe ich vielleicht keine Lust dazu und mache lieber etwas anderes oder langweile mich schlichtweg. Aber im Großen und Ganzen gibt es Dinge, die ich immer schon gerne getan habe und die ich wirklich liebe. Ich glaube, diese Dinge werde ich mein Leben lang gerne tun.«

»Wieder gut beobachtet«, staunte Richard. »Bewahre sie dir unbedingt! Kannst du dir auch erklären, warum sie dir immer Freude bereiten?«

Nun begriff ich, worauf er hinauswollte. »Ich denke, diese Dinge entsprechen wirklich meiner Persönlichkeit. Sie gehören einfach zu mir.«

»Sehr richtig. Ich behaupte, alles, was wir mit Liebe und Freude tun und was unserer Persönlichkeit entspricht, dient unserer Erfüllung. Sei es, dass man gerne Musik macht, strickt, wandert, Briefmarken sammelt, Akten sortiert, Sport macht, ins Kino geht, bügelt, putzt oder gärtnert. Ganz egal, was es ist. Diese Dinge unterscheiden sich von Materiellem dadurch, dass wir nicht lediglich einen kurzfristigen Kick daraus ziehen, was leider der Großteil unserer Wohlstandsgesellschaft zu ihrer Bedürfnisbefriedigung tut, heute, da die primären Bedürfnisse gestillt sind. Vielmehr entsprechen sie unserer Persönlichkeit und helfen uns wirklich dabei, uns zu entwickeln. Das kann auch eine geliebte Person, ein neuer Job oder ein Umzug in eine Gegend sein, die man liebt. Manchmal kommen im Laufe des Lebens auch neue Aspekte hinzu. Aber diese Dinge verlieren nicht ihren Reiz, selbst wenn sie zur Gewohnheit

28

geworden sind. Genau deshalb verstehst du jetzt, warum mir mein Job niemals langweilig wird. Und das bedeutet nicht, dass ich nicht auch mal besser oder schlechter gelaunt bin.«

»Wo du gerade von schlechter Laune sprichst«, setzte ich an. »Ich frage mich, ob dieses ganze Gerede über positives Denken wirklich bedeutet, dass wir keine schlechte Laune haben sollen? Ich selbst tue mich da ziemlich schwer. Wenn ich es hin und wieder versuche, hält die gute Stimmung vielleicht ein paar Tage, aber niemals dauerhaft. Ich finde es ziemlich anstrengend.«

»Oh ja«, lachte Richard. »Das ist wirklich eines der größten Missverständnisse, die sich durch die gesamte Positiv-Denken-Debatte ziehen. Ich bin der festen Überzeugung, dass kein Lebewesen jemals immer gut gelaunt sein kann. Es ist schlichtweg unmöglich und auch gar nicht Sinn der Sache. Einer meiner Lieblingsautoren, Andreas Salcher, schreibt in einem seiner Bücher: *Das Leben auf die Freude im Leben zu reduzieren, ist wie einen ganzen Sommer nie zu schlafen im Skandinavien der Mitternachtssonne.«*

Ich wunderte mich darüber, dass dieser Mann so viele Zitate in petto hatte, doch ich begriff den Sinn seiner Aussage.

»Ja, das leuchtet mir ein. Und gleichzeitig frage ich mich, weshalb dann der Markt mit den Büchern über Persönlichkeitsentwicklung, den Büchern über Psychologie, Spiritualität oder Esoterik dermaßen boomt?«

»Eine gute Frage, auf die ich später noch genauer eingehen werde. Aber nun musst du dir die Lauben ansehen. Die Einkaufsstraße mit den kleinen traditionellen und modernen Geschäften. Bozen hat meiner Meinung nach vor allem drei Dinge zu bieten: Wunderschöne Gebäude vor traumhafter Kulisse, kulinarische Höhepunkte und Shopping. Eigentlich hat es noch viel mehr zu bieten, aber lassen wir das als die drei Highlights für's Erste so stehen.«

Er zwinkerte mir zu. So schlenderten wir gemütlich an den vielfältigen, farbenfrohen Schaufenstern der niedlichen Geschäfte vorbei.

 **4**   Vor dem Schaufenster eines Kleidergeschäftes blieb ich stehen und bewunderte ein weißes Kleid.

»Entschuldige«, sagte ich nach einer Weile, »ich betrachte so gerne die Schaufenster.«

Richard kicherte. »Wenn es um Shopping geht, seid ihr Frauen doch fast alle gleich!«

»Wohl wahr. Obwohl ich mir immer wieder vornehme, nichts zu kaufen, werde ich schwach, wenn ich schöne Kleider, Schuhe oder Schmuck sehe. Ich fürchte, ich bin wohl auch nicht besser als die Opfer der Konsumgesellschaft, die durch Einkäufe ihre Unzufriedenheit stillen wollen, so wie wir vorhin besprochen haben.«

Ich erwartete mir ein entschuldigendes Lachen von meinem Begleiter, doch er schmunzelte einen Augenblick nachdenklich, ehe er erklärte: »Hier sollten wir unsere Aussagen von vorhin etwas differenzieren. Weißt du, ich verurteile nicht das Anschaffen materieller Güter an sich. Das kann ich gar nicht, denn auch ich besitze das ein oder andere Kleidungsstück, einen Fernseher, ja sogar einen Laptop und ein Handy, obwohl ich keineswegs Fan dieses Technikwahns bin. Ich denke ja selbst, dass ein gewisses Mindestmaß an materieller Ausstattung zum Standard eines modernen und angenehmen Lebensstils gehört. Und da der Mensch nicht auf der Welt ist, um sich selbst zu quälen, kann er sich hin und wieder durchaus etwas leisten. Wie eine Art Belohnung, ein Geschenk an sich selbst. Als Symbol der Selbstliebe, die jeder Mensch sich aneignen sollte.« Er räusperte sich. »Was ich im Gegensatz dazu vorhin meinte, ist, dass der Mensch grundsätzlich unter dem Konkurrenzkampf steht, sich vermeintlich Besseres als andere zu kaufen. Oder zumindest auf der Höhe zu bleiben, jede Mode mitzumachen. Etwa immer das neueste Handy mitsamt allem Schnickschnack zu besitzen, während das vorige teure und treue Handy im Müll landet, selbst wenn es noch funktionsfähig ist. Die Menschen verschwenden eine Menge Geld für eine Menge Blödsinn, weil sie sich davon erhoffen, glücklicher zu werden. Da ein solcher Lebensstil aber auch kostspielig ist, müssen sie eine Menge schuften, haben mehr Stress, weniger Freizeit und sind dadurch natürlich auch wiederum frustriert. Vor allem wenn ihnen ihr Job persönlich nicht viel bedeutet. Aus dieser Frustration erhoffen sie sich durch neue Käufe zu retten. Du siehst, es ist ein Teufelskreis.«

»Es ist also ein Unterschied zwischen dem Hamsterrad des Arbeitens und Konsumierens, um anderen etwas zu beweisen oder seine Unzufriedenheit zu stillen, und dem Wunsch, sich einfach etwas zu gönnen, weil man es sich wert ist?«

»Absolut, das meine ich. Du bist sehr klug!« Wieder grinste er auf seine schelmische Art.

»Nun, das liegt daran, dass ich mir darüber häufig Gedanken gemacht habe. Ich konnte es bislang nur nie so klar sehen.«

Bei diesen Worten tauchten Bilder aus meiner Schulzeit vor meinem geistigen Auge auf. Erinnerungen an Mitschülerinnen, die monatelang sparten, um sich Markenkleidung zu kaufen und sich dann stolz wie Oskar in ihren neuen Sachen in der Schule zu präsentieren, während ich diesen Stolz kaum nachvollziehen konnte.

Meine Erinnerungen wurden durch Richard unterbrochen, der erklärte: »Das wundert mich nicht. Wenn man zu tief darin feststeckt, erkennt man den Teufelskreis kaum. Und da ja alle ähnlich handeln, käme es uns komisch vor, es zu hinterfragen. Die Menschen sind leider ziemliche Mitläufer. Auch – und vor allem – im Negativen. Toll, dass du diese Zusammenhänge in deinem Alter schon hinterfragst. Ich habe all das erst viel später erkannt.«

Ich errötete angesichts seines Kompliments. »Naja, manchmal zweifle ich schon an mir, wenn ich mit meinen kritischen Gedanken so gegen den Strom schwimme. Und oft frage ich mich dann, ob die anderen mich für verrückt halten würden, ob ich es vielleicht sogar wirklich bin.«

»Oh, dazu kann ich dir etwas sagen: *Eine Frage raubt mir den Verstand: Bin ich verrückt oder sind es die anderen?* Dieses Zitat stammt von Albert Einstein. Ganz ehrlich, das hat dir vermutlich noch nie jemand gesagt, schon gar nicht die Lehrer oder Eltern. Aber wenn du ernsthaft anfängst dich zu fragen, ob du selbst verrückt bist oder ob es alle anderen sind, dann bist du auf dem besten Wege. Vielleicht bedeutet das Erleuchtung?«

Wir brachen beide in schallendes Gelächter aus. Ich erkannte, dass ich zum ersten Mal seit langer Zeit wirklich von Herzen lachen konnte. Was für ein wundervoller Mann!

Mein gedankenverlorenes Lächeln unterbrach Richard mit den Worten: »Aber ehe wir heute noch den ganzen Tag auf derselben Stelle stehen, lass uns rein gehen und das Kleid kaufen, das du schon die ganze Zeit so sehnsüchtig durch das Schaufenster bewunderst.«

Ich blickte verdutzt von ihm zu dem Kleid, das mir tatsächlich unsagbar gut gefiel und wegen dem ich, wie ich erst jetzt bewusst wahrnahm, wirklich seit fast fünf Minuten auf derselben Stelle vor dem Geschäft stehen geblieben war.

Wir gingen hinein und kamen kurz darauf wieder heraus. Ich mit einer Tüte in der Hand und in einem strahlend weißen, leichten Sommerkleidchen, das ich sofort anbehalten hatte. Jeans und Pullover hatte ich stattdessen in die Tüte gepackt. Es war ohnehin viel zu warm unter der Frühlingssonne Bozens. Und während wir weiter durch die Lauben schlenderten, stieß ich einen fröhlichen und herrlich leichten Seufzer aus.

Das Kleid war übrigens nicht das Einzige, das ich mir an diesem Tag gönnte. Hinzu kam noch eine Sonnenbrille, damit ich bei der italienischen Sonne nicht ständig die Augen zusammenzwicken musste, ein kleines Silberarmband und eine weiße Handtasche, die perfekt zu dem neuen Kleid passte. Für Handtaschenliebhaber kann sich Bozen nebenbei bemerkt als Paradies entpuppen.

5   Etwas beschämt über die Ausgaben, aber glücklich, denn schließlich hatte ich mir »eine Belohnung verdient«, wie Richard meinte, lächelte ich vor mich hin und saugte das besondere Flair dieser Stadt ein, die mich immer mehr in ihren Bann zog.

»Ich hatte ja keine Ahnung, dass Bozen so schön ist!«, rief ich begeistert und ließ den Blick über den weitläufigen Platz schweifen, der nun vor uns lag und den mir Richard als »Waltherplatz« vorstellte.

»Ja, das ist es in der Tat. Deshalb möchte ich in Zukunft gerne hier leben. Diese Vermischung von italienischem Flair und österreichischer Gemütlichkeit, die ist einmalig! Jedes Mal, wenn ich auf Bozen zufahre und dieses Licht sehe, den strahlend blauen Himmel, die dramatischen Berge mit den schroffen, roten Felsformationen, das saftige Grün an den Hängen, die mediterranen Pflanzen und wenn ich die würzige Luft einatme, dann weiß ich wieder, dass dies für mich die schönste Landschaft ist, die ich je gesehen habe«, schwärmte Richard. Ich konnte seine Worte nur zu gut nachvollziehen.

Auf Richards Vorschlag hin beschlossen wir, uns auf dem Waltherplatz an einen Tisch der zahlreichen hübschen Cafés zu setzen, da wir es uns nach dieser Shopping-Tour - Richard hatte sich im Übrigen auch ein neues Hemd und Turnschuhe gekauft – verdient hatten.

»Das ist mein Lieblingscafé«, erklärte Richard. »Es gehört einer lieben Bekannten von mir, Luise. Von hier aus hat man nicht nur die beste Aussicht über die Piazza, Luises Kaffee und die Torten sind auch wahrlich ein Gedicht.«

In diesem Augenblick kam eine Kellnerin an unseren Tisch. Als Richard die schlanke junge Dame mit dem langen, schwarzen Pferdeschwanz und der klassischen Kellneruniform erblickte, stand er auf, um ihre stürmische Umarmung zu erwidern. Die beiden kannten sich offenbar.

»Richard, altes Haus. Schön, dich zu sehen! Aha, heute in weiblicher Gesellschaft, was?«

Richard stellte mich der jungen Dame, mit dem wohlklingenden Namen Ivana, vor.

»Wir haben eben davon gesprochen, wie schön Bozen doch ist«, erzählte Richard.

»Oh ja, Südtirol ist schön. Aber auch hier gibt es Schattenseiten.« Wie so häufig in ländlicheren Regionen, so erklärte uns Ivana, sei das Denken der Menschen, gerade der Dorfmenschen, in vielerlei Hinsicht noch eher wenig entwickelt, so dass die Engstirnigkeit, Intoleranz und insbesondere der Materialismus in den Dörfern reichlich erdrückend sein können und in ziemlichem Kontrast zu den paradiesisch anmutenden Landschaften und den idyllischen Dörfern stehen. »Als Tourist bekommt man das freilich nur am Rande, oder gar nicht mit. Diese teilweise recht mittelalterlichen Ansichten spiegeln sich leider auch in den Strukturen der Politik und der Wirtschaft wider, etwa in Form des Medienmonopols oder der "Ein-Parteien-Politik". Da bleibt nicht viel Raum für Fortschritt und Entwicklung, was sehr schade ist. Aber man kann sich ja die Rosinen rauspicken.«

»So ist es«, sagte Richard. »Und für mich ist Bozen der Ort, an dem ich meinen Lebensabend verbringen möchte, so viel steht fest.«

Ivana entdeckte unsere Einkaufstaschen. »Ihr wart doch nicht etwa shoppen? Mensch, wieso habt ihr mich nicht mitgenommen? Was habt ihr denn gekauft?« Neugierig durchwühlte sie Richards Tüte. »Turnschuhe? Wozu das?«

Die Laufschuhe brauche er, um an der Talfer, einem der zwei Flüsse Bozens, joggen zu gehen, erklärte uns Richard.

Ivana verzog angewidert das Gesicht. »Bäh, Sport, das ist nichts für mich. Was meinst du?«, wollte sie an mich gewandt wissen, woraufhin ich gestehen musste, abgesehen von dem beschissenen Sportunterricht in der Schule, auch noch nie sportlich aktiv gewesen zu sein.

»Na hört mal, die Instandhaltung und Pflege unseres Körpers ist ein Akt der Selbstliebe. Das sind wir ihm schuldig, gerade in meinem Alter,« dozierte Richard mit erhobenem Zeigefinger.

Ivana kicherte frech und zupfte an den Fransen ihres Pferdeschwanzes. »Schon gut, an meinem dreißigsten Geburtstag fang ich damit an.«

»Vorsicht, *Vorsätze sind wie Aale: leicht zu fassen, aber schwer zu halten.*« Wir kicherten alle drei und ich staunte wieder nur über den Reichtum an Zitaten, mit denen Richard mich überhäufte. Ich verkündete meinen Beschluss, all das zu Hause aufzuschreiben, woraufhin Richard mich darauf hinwies, dass auch *das* ein Vorsatz sei und die Möglichkeit bestünde, dass ich ohnehin alles wieder vergaß. Ich gab mich geschlagen und wir bestellten bei Ivana zwei Cappuccini.

»Irgendwo hast du schon wieder Recht«, seufzte ich. »Man liest so viele Bücher und nimmt sich jedes Mal vor, es nochmal zu lesen, irgendwann. Und natürlich möchte man das Gelernte umsetzen, wobei man letztlich das Meiste wieder vergisst.«

»Ja«, stimmte er zu, »so ist es leider mit Vorsätzen. Sie kommen zu wenig aus einem selbst heraus. Und wenn etwas nicht genau in dem Moment als relevant für eine Person empfunden wird, wird es verworfen oder vergessen. Aber weißt du, ich glaube, vieles von dem, was die Leute lesen, vergessen sie gar nicht so unabsichtlich.«

Bei *vergessen* deutete er Anführungszeichen an. Ich verstand noch nicht.

»Nun«, fuhr er fort, »die Menschen kaufen diese Bücher, weil sie sich davon erhoffen, zufriedener zu werden. Der Haken dabei ist, dass niemand gerne Dinge liest, die sehr direkt sind. Bei denen man spürt, dass es die Wahrheit ist, wo man doch gleichzeitig bisher so sehr darin vertieft war, das Leben anders zu leben. *So,* wie man es eben gelernt hat. Und diese Bücher sagen dann etwas ganz anderes. Noch schlimmer: sie verlangen etwas!« Er setzte dabei einen dermaßen empörten Gesichtsausdruck auf, dass ich losprustete.

»Unverschämt! Erst hinterfragen sie unser Gejammer, dann dringen sie so tief in unser Inneres vor, dass wir es kaum mehr verstecken können, dann müssen wir noch zugeben, dass da etwas Wahres dran ist und dann verlangen sie auch noch etwas von uns!« Er grinste angesichts meines Kicherns. »Und weißt du auch, *was* sie verlangen?«

»Hm«, überlegte ich gespielt begriffsstutzig.

»Vielleicht, dass wir etwas ändern?«

»Jaaa«, grölte Richard in gespieltem Zorn. Ich musste lachen, schaute aber gleichzeitig verschämt um mich, ob jemand zuhörte. »Ja, sie verlangen doch tatsächlich, dass man etwas tut, um mit dem Jammern aufhören zu können! Und das Schlimmste: sie verlangen Verantwortung.« Er legte eine Kunstpause ein.

»Verstehe. Sie wollen also vielleicht, dass sich etwas ändert, aber wenn es darum geht, etwas dafür zu tun, lässt ihre Begeisterung nach.«

»Exakt. Verantwortung, das ist etwas, das die meisten Menschen überhaupt nicht mögen, wusstest du das?« Ich lachte über seine schauspielerische Leistung, den empörten Mann zu spielen. Ivana, die im selben Moment unsere Cappuccini serviert hatte, lachte mit,

»Was gibt es da zu lachen? Das ist mit eine der wichtigsten Botschaften, die ich euch zu vermitteln habe,« verkündete er feierlich.

Während wir gespannt auf seine weiteren Ausführungen warteten, nippte er, uns absichtlich auf die Folter spannend, genüsslich an seinem Kaffee. Endlich fuhr er fort: »Nun, eine meiner wichtigsten Botschaften an euch ist die, dass der Mensch grundsätzlich seine Verantwortung verabscheut.« Während er sprach, nippte auch ich an meinem

Cappuccino. Ich spürte einen Schauer über meinen Rücken laufen, angesichts dieses cremigen und aromatischen Kaffees.

»Die Bücher verlangen Verantwortung von den Menschen. Deshalb lesen sie sie entweder gar nicht und stempeln sie als Blödsinn ab. Oder aber sie lesen sie, vielleicht sogar zahlreich, ohne auch nur irgendeinen der Ratschläge in die Tat umzusetzen. Es gibt ja schließlich so viele Gründe, die dagegen sprechen oder die es zu schwer machen. Oder sie vermissen eine detaillierte Schritt-für-Schritt-Anleitung, die genau auf ihr persönliches Leben zugeschnitten ist.«

»Ein bisschen bin ich auch so, glaube ich. Ich habe schon so vieles gelesen, aber ich jammere auch noch gerne.«

»Versteh mich bitte nicht falsch. Ich verurteile das nicht grundsätzlich. Das würde bedeuten, dass ich auch mich selbst verurteile«, erwiderte Richard. »Denn ich habe wohl schon an die hundert Bücher gelesen und selbst noch nicht alles erreicht, was ich mir wünsche. Niemand hat gesagt, dass es einfach ist. Aber mit welcher Arroganz verurteilen viele dieses Wissen, diese Weltansichten? Und dann gibt es noch jene, die zwar Bücher verschlingen, aber gar nichts daraus umsetzen und ihre Verantwortung als erfüllt ansehen, da sie ja zumindest jeden Tag brav lesen. Sie haben dann immer einen passenden Spruch auf den Lippen: *Es ist schwer.* Ja, es ist schwer. Aber wenn es einfach wäre, hätte es dann noch einen Reiz?«

Seufzend ließ ich den Kopf in den Nacken fallen, ließ den Blick über den gnadenlos blauen Himmel, die vereinzelten Quellwolken schweifen. Was für Farben, was für ein Licht, was für eine Wärme, was für ein Tag!

»Ist er gut, der Cappuccino?«, fragte Ivana.

»Oh ja, er ist köstlich! Ich könnte den ganzen Tag so hier sitzen,« schwärmte ich.

»Schön, das muss ich Luise ausrichten. Ich hole sie gleich. Sie wird sich freuen!«

Kurz darauf kam sie zurück, eine elegante Dame im Schlepptau. Die Cafébesitzerin begrüßte Richard und mich herzlich. Sie hatte etwas mütterliches an sich. Trotz ihrer ehrlich zugegebenen 76 Jahre wirkte sie jugendlich und gepflegt. Ihr dunkelblondes Haar trug sie als Knoten im Nacken. Sie trug dezenten Goldschmuck und unter der Backschürze eine geblümte Bluse.

»Unsere Gäste fühlen sich sehr wohl bei uns, Luise«, berichtete Ivana stolz ihrer Chefin.

»Das stimmt, es ist wie immer traumhaft«, sagte Richard und legte den Arm um Luise.

»Das freut mich, mein Lieber. Weißt du, ein Augenblick wie dieser bedeutet mir viel. Auf einem Platz zu sitzen, ein Buch zu lesen, das Treiben zu beobachten oder in netter Gesellschaft, wie jetzt mit euch, Kaffee zu trinken, was braucht man mehr? Für mich ist es das pure Glück. Und genau deshalb habe ich dieses Café eröffnet.«

Im Stillen dachte ich über ihre Worte nach. Welch große Bedeutung diesen kleinen Auszeiten in unserem Alltag tatsächlich zukommt, in denen wir einfach unsere Tätigkeit – sei es im Büro, sei es die Hausarbeit oder die Schulbücher – liegen lassen und uns bei einer Tasse Tee, Kakao oder Kaffee wieder ganz uns selbst zuwenden und zur Ruhe kommen, während wir das Aroma unseres Getränks einatmen und die Augen schließen. Dieser Moment gehört ganz uns.

»Das ist wahr«, sagte ich mehr zu mir selbst. »Für mich gehört das von nun an auch zu den glücklichsten Momenten meines Lebens.«

Es kann so einfach sein. Sonne und eine Tasse Kaffee.

6 »Heute bin ich ja wieder ganz schön in Fahrt mit meinem philosophischen Gerede. Dir wird es sicher zu anstrengend. Entschuldige, das ist einfach mein Lebensthema. Ich habe schon so viel Zeit meines Lebens darüber nachgedacht. Erst spät zwar, aber immerhin.«

»Na hör mal«, rief Luise, die gerade wieder zu uns an den Tisch gekommen war. »Es ist nie zu spät! Das ist auch nur so eine Behauptung der Menschen, die einfach die Verantwortung scheuen und lieber gar nichts tun. Sie können ja jetzt nicht mehr umziehen, den Job wechseln, den Partner verlassen, den sie nicht lieben, noch einmal zur Universität gehen oder eine Ausbildung beginnen. Es ist ja zu spät. Hm, seltsam. Die Leute, die all das doch tun, das sind dann wohl Wundermenschen. So wie ich zum Beispiel. Erst mit 49 habe ich mein Hotel verkauft, das Geld an meine Geschwister verteilt und mit dem Rest dieses Café eröffnet. Aber entschuldigt bitte, jetzt fange ich ja auch schon an mit der Philosophiererei. Jetzt halte ich den Mund.« Damit verschwand sie. Richard und ich schauten uns an und grinsten.

»Es ist mir überhaupt nicht zu viel«, wehrte ich mich. »Ich finde jeden einzelnen Gedanken wirklich interessant und so richtig! Ich habe nur gerade überlegt, was es genau bedeutet, dass die Menschen Verantwortung scheuen?«

Ivana war wieder zur Stelle und freute sich über ihren Einsatz. »Ah ja, das wichtigste Thema. Also, gemeint ist damit, dass die Menschen zwar sehr oft von Verantwortung sprechen, etwa im Berufsleben oder von Verantwortung der Familie oder der Gesellschaft gegenüber. Und ich sage nicht, dass es nicht sicherlich tolle Angestellte oder Chefitäten gibt, die ihre Arbeit hervorragend erledigen. Und ja, sicherlich gibt es fantastische Väter und Mütter, die sich verantwortungsvoll und liebevoll um die Erziehung ihrer Kinder und den Zusammenhalt der Familie kümmern und insgesamt auf diese Weise einen wertvollen Beitrag für eine gute Gesellschaft beisteuern.« Bei *gut* deutete sie Anführungszeichen an.

Richard fuhr fort: »Um diese Art von Verantwortung geht es aber gar nicht so sehr. Uns geht es vielmehr um die Verantwortung der jungen Frau, die sich dem gesellschaftlich konstruierten Bilderbuchidyll einer klassischen Familie widersetzt und für sich entscheidet, dass sie in ihrem Leben nicht heiraten und keine Kinder bekommen

47

möchte. Ich spreche von der Verantwortung des Hotelerben, der entscheidet, dass er – gegen deren Willen – nicht das Hotel der Eltern übernehmen, sondern lieber ein Studium, das ihn wirklich interessiert, beginnen möchte. Ich spreche von der Verantwortung des Millionärs, der erkennt, dass ihn sein ganzes Geld nicht glücklich machen kann und der seinen gesamten Besitz spendet und stattdessen in eine kleine, einfache Mietwohnung zieht. Ich spreche von dem erfolgreichen Manager, der seiner Gesundheit und seinem privaten Glück zuliebe beschließt, seine Karriere an den Nagel zu hängen, um mit über 50 Jahren noch eine Ausbildung zum Floristen zu beginnen, auf die Gefahr hin, dass er nun keine fünfstelligen Beträge im Monat mehr nach Hause bringt. Siehst du, worauf wir hinaus wollen?«

»Ja, es geht um die Verantwortung des Menschen sich selbst gegenüber.«

Ivana klatschte Beifall. »Ganz genau. Ich meine, dass jemand, der eigentlich gerne Musiker geworden wäre, sich zwingt, sein Leben als gewöhnlicher Angestellter in einem trockenen Bürojob zu verbringen, wem nützt das? Bedeutet das dann Verantwortung? Dass er sich den gesellschaftlichen Konventionen anpasst, so dass die anderen zufrieden sind und er nicht aus dem

Rahmen fällt? Aus dem Rahmen eines Mitläufertums, das über Depression und Burnout als Volkskrankheit spricht? Nun, *das* bedeutet für mich nicht Verantwortung. Verantwortung hat man in erster Linie sich selbst und somit den eigenen Träumen gegenüber. Und wenn man dies erkennt und sich daran hält, übernimmt man in meinen Augen gleichzeitig Verantwortung für die Gesellschaft. Aber das würde den Rahmen unserer netten Unterhaltung sprengen.«

Richard schien zufrieden mit ihren Ausführungen. Er schmunzelte und ich konnte nicht anders als mit ihm zu schmunzeln.

»Und deshalb mögen viele Menschen das Wissen aus den Büchern nicht? Weil sie das, was sie gelernt haben, nicht hinterfragen wollen?«

»Sehr richtig, so sehe ich es auch«, meinte Richard. »Wir Menschen – und das gilt meiner Meinung nach für jede Generation, ohne Ausnahme, nur in unterschiedlicher Form – lernen durch Kindergarten, Eltern, Lehrer, später vielleicht durch TV-Idole oder Politiker, wie wir und die Gesellschaft, das Leben, zu funktionieren haben. Und im Großen und Ganzen haben wir *so* zu funktionieren, dass wir uns den als richtig befundenen Lebensstilen der Gesellschaft anpassen. Jeder sollte demnach in etwa den gleichen perfekten, lückenlosen Lebenslauf aufweisen. So bleibt die Kirche im Dorf und alle sind happy.«

»Und kommt es dann zu Depression und Burnout, ist man damit letztlich alleine. Kaum dass es einem besser geht, kann man wieder funktionieren, seine Pflicht erfüllen«, fügte Ivana aufgeregt hinzu. »Ich will dir etwas sagen: Deine erste und oberste Pflicht und Verantwortung ist es, glücklich zu sein. Und da es über 7 Milliarden Menschen auf dieser Erde gibt, gibt es auch über 7 Milliarden Wege, dieses Glück zu finden. Glaubst du denn allen Ernstes, dass unser eben erwähnter Lebenslauf auf alle 7 Milliarden passt?«

Ich hätte die beiden umarmen können! Wie sie mir aus der Seele sprachen! Als Abiturientin, die kurz vor dem Abschluss stand, wusste ich nur zu gut, wovon sie sprachen. Ganz zu schweigen von den 13 Jahren Schulzeit, die nun Gott sei Dank bald hinter mir liegen würden, in denen ich nur zu gut erfahren hatte, was es heißt, in ein Korsett gezwungen, in seinen Schwächen bestärkt und in seinen Talenten erniedrigt zu werden. Und ich wusste nur zu gut, wie man sich angesichts der Aussicht fühlt, in einem ähnlichen Korsett die nächsten 40-50 Jahre als Angestellte in einem Wirtschaftssystem zu verbringen und ihm mein Leben zu opfern, das mit den selben Mechanismen arbeitet wie das Schulsystem. Als Schüler einer staatlichen Schule wurde ich schließlich nur als funktionierender Teil des Wirtschaftssystems ausgebildet, während der ach so perfekte Lebenslauf ein angeblich freies Leben in dieser Wirtschaft vorgaukelt. In Bezug auf die Berufswahl wird uns nach außen hin freie Wahl gelassen, wobei dabei doch nur die konkrete Rolle festgelegt wird, die man als Marionette des Systems zu spielen hat. So oder so ist es ein System moderner Sklaverei. Nein, das war keine Zukunft, auf die ich mich als Abiturientin freuen konnte.

Als ich zu Richard aufblickte, wurde mir klar, dass er mich beobachtet hatte. Sein Blick zeigte mir, dass ich nichts sagen musste. Er wusste, was ich gedacht hatte. Er wusste es nur zu gut.

»Möchtest du so ein Leben führen?«, fragte er mit plötzlich leiser und vorsichtiger Stimme, was mich fast ein wenig verängstigte, hatte er sich doch vorhin noch so in Rage geredet.

»Möchtest du so ein Leben im 40-40-40 Club führen?«, fragte er noch einmal geduldig.

»40-40-40 Club?«

»Ja, 40-40-40-Club«, rief Ivana schrill, die sich keine Gelegenheit entgehen ließ, nach jeder aufgenommenen Bestellung sofort wieder zu unserem Tisch zurückzueilen. »Diesen Begriff solltest du dir merken. Was wir damit meinen, ist, ob du zu den braven Durchschnittsbürgern gehören möchtest, die 40 Jahre ihres Lebens brav arbeiten gehen, in der Regel in einem Job, der ihnen persönlich gar nichts bedeuten würde, wenn er nicht zufällig das Geld einbrächte. Ob du das Ganze wirklich 40 Stunden pro Woche tun möchtest, um am Ende dann vielleicht zukünftig um die 40 Prozent als Rente wieder zurückzubekommen, wenn es bis dahin noch so etwas wie Rente gibt?«

Erschlagen angesichts dieser deprimierenden Aussichten schüttelte ich langsam den Kopf.

»Nein, so ein Leben möchte ich nicht.« Meine Stimme klang weinerlich, so als würde ich die beiden um Hilfe bitten.

Richard lachte. »Nun, dann lass dir deine Träume nicht rauben. Und lies ruhig weiter diese Bücher. Bleib auf deinem Weg.«

»Aber mache es nicht wie die meisten Menschen!«, ermahnte Ivana heftig

»Wie machen es denn die meisten Menschen?«

»Tja, mir fällt da ein Zitat ein, das mir einmal ein Gast hier im Café genannt hat. Er meinte: *Als ich von den schlimmen Folgen des Trinkens las, gab ich sofort das Lesen auf.*«

Schon wieder schüttelte uns ein Lachanfall und ich konnte nicht fassen, wie es diese beiden immer wieder schafften, mich so heiter und ausgelassen zu stimmen, wie schon lange nicht mehr.

»Wenn du so ein Leben nicht möchtest, dann gibt es nur einen Ausweg«, fuhr Richard nach einer Weile ernst fort. Mit eindringlicher Stimme erklärte er: »Mein Mädchen, übernimm die Verantwortung für dein Leben selbst.«

Er blickte mir tief in die Augen. Es gelang mir, seinem Blick standzuhalten. Es war ihm ernst, das merkte ich. Ich fragte mich, was genau es denn nun bedeutete, die Verantwortung für sein Leben selbst zu übernehmen. Wie ging das *konkret*?

»Das kommt darauf an, was du denn überhaupt möchtest«, sagte Ivana. Ich erschrak. Ich hatte den Gedanken nicht laut ausgesprochen. Die beiden waren mir hochsympathisch, aber auf gewisse Weise machten sie mir auch Angst.

Ich war froh über die kurze Unterbrechung unserer ernsten Unterhaltung, während mich Richard fragte, ob ich noch einen weiteren Cappuccino wolle. Ich bejahte seine Frage und löffelte noch schnell den köstlichen Schaum aus meiner Tasse, ehe Ivana das Geschirr wegräumte.

 **7**   Das rege Treiben auf dem Waltherplatz hatte indes nicht nachgelassen. Die Touristen und Einheimischen an den Tischen um uns herum kamen und gingen. Es herrschte Leben auf dem Platz und ich versuchte, dieses Leben voll und ganz in mich aufzunehmen. Ich wusste nicht, wann ich das letzte Mal solche Klarheit in meinem Kopf empfunden hatte. Und nun fühlte ich mich auch bereit dazu, von meinen neuen Bekannten zu erfahren, was es für sie konkret bedeutete, Verantwortung für das eigene Leben zu übernehmen.

»Hm«, überlegte Richard, »also das ist wirklich interessant. Da habe ich Jahre meines Lebens dieser Frage gewidmet und dennoch fällt es mir nicht leicht, dir auf deine Frage in einem einzigen, einfachen Satz zu antworten.« Er kratzte sich am Kopf. »Obwohl, eigentlich ist es das doch. Ja, ich denke, man kann in einem Satz sagen: Deine größte und einzige Verantwortung im Leben ist es, glücklich zu sein. Es geht in erster Linie darum, dass du tust, was dir Spaß macht. Und der Haken dabei ist, was auf die meisten Menschen ja leider abschreckend wirkt, dass das Ganze in vie-

54

len Fällen nicht mit dcm Standardleben des Durchschnittsmenschen konform geht. Dass man den Mut haben muss, gegen den Strom zu schwimmen, sich zu widersetzen. Manchmal genau den Menschen, die man am meisten liebt. Von denen man am meisten abhängig ist.«

Zum ersten Mal war es nun Richard, der gedankenverloren auf den Boden blickte. Ich begriff sein Schweigen nicht, doch es drängte sich mir die Frage auf, ob dieser Mann vielleicht auch eine schwache Seite, seine Vergangenheitserfahrungen hatte und in diesen gerade festhing.

Ich hätte ihn gerne gefragt, traute mich jedoch nicht. So war ich erleichtert, als Ivana uns unsere nächsten Cappuccini brachte. Richard, nun aus seinen Gedanken gerissen, sprach weiter: »Wenn ich es mir recht überlege, ist Verantwortung in diesem Fall mit Mut gleichzusetzen. Zumindest steht beides in enger Verbindung zueinander. Es gehört eine Menge Mut dazu, Verantwortung für das eigene Leben zu übernehmen und sich gegen alles bisher Gelernte zu widersetzen, sofern es denn einem erfüllten Leben im Wege steht. Vermutlich ist es dieser Mut, der den meisten Menschen fehlt, wenn es drauf ankommt.«

Ivana mischte sich ein »Das muss wohl so sein, denn irgendjemand liest ja all die Bücher, sonst verkauften sie sich nicht so gut. Aber der Großteil der Leser handelt trotz des Wissens nicht.«

Schamgefühle machten sich in mir breit. »Da bin ich selbst nicht besser«, fügte ich kleinlaut hinzu und nippte an meinem Cappuccino.

»Nein, sage das nicht. Du bist so jung. Wenn ich das Wissen, über das ihr in euren jungen Jahren bereits verfügt, früher gehabt hätte, hätte mein Leben ganz anders ausgesehen.« Ivana verpasste ihm einen Klaps an den Hinterkopf, so dass er sich korrigierte: »Halt, das war dumm. Es ist nie zu spät. Mein Leben war genau *so*, wie es war, richtig. Es hat mich zu dem gemacht, was ich heute bin. Und auf dieser Basis kann ich aufbauen. Das war eben eine typische Aussage für einen, der die Verantwortung scheut. Ihr seht, auch der alte Klugscheißer mit seinen schlauen Predigten tritt in die gängigen Fettnäpfchen.«

Mir fiel ein Gebet ein, das ich häufig gelesen hatte. Es lautete: *Gott gebe mir die Gelassenheit, die Dinge hinzunehmen, die ich nicht ändern kann. Er gebe mir den Mut, Dinge zu ändern, die ich ändern kann. Und er gebe mir die Weisheit, das eine vom anderen zu unterscheiden.*

Während ich so die bummelnden Menschen auf der Piazza beobachtete, fragte ich mich, wie viele von diesen Menschen wohl von sich selbst behaupten würden, sie seien wirklich glücklich. Wie viele von ihnen hatten wohl schlimme Enttäuschungen und Schicksalsschläge erlitten?

»Man trifft im Alltag nur wenige Menschen, die das von sich behaupten können«, unterbrach Richard meine Gedanken. Einmal mehr war ich verwundert und erschrocken zugleich, darüber, dass er meine Gedanken zu lesen schien. Als unterhielten wir uns trotz unseres verbalen Schweigens auf einer anderen Ebene weiter. So, dachte ich bei mir, hatte ich mir immer wahre Freundschaft vorgestellt. Verstehen ohne Worte.

Es zeigte sich, dass auch das Thema Freundschaft und Familie im weiteren Verlaufe unserer Unterhaltung eine zentrale Rolle spielen sollte. Richard äußerte die Meinung, dass die meisten Menschen sich vor allem deshalb davor fürchten, ihr Leben nach den eigenen Bedürfnissen und Vorstellungen zu gestalten, da es für sie die größte Hürde bedeute, die Missgunst der Menschen einzufangen, die ihnen am nächsten stehen.

»Die Menschen haben ein ambivalentes Verständnis von Mut, wenn du mich fragst«, erklärte Ivana. »So ist ein Mensch zum Beispiel mutig, wenn er mit dem Fallschirm aus einem Flugzeug springt. Die Eskimos haben ja angeblich viele verschiedene Worte für Schnee. Und so finde ich, es sollte ebenso viele Worte für Mut geben, wie für viele andere Begriffe. Derartige Mutproben haben meiner Meinung nach aber nur bedingt mit Mut zu tun. Denn wenn es darum geht, Eigenverantwortung für das Leben zu übernehmen, fehlt den meisten von uns auf einmal der Mut. Dann bremsen wir uns und unser eigentliches Potenzial lieber aus, als mutig voranzuschreiten und einfach den nächsten Schritt zu tun, der nötig wäre, um weiterzukommen. Ist das verständlich?«

»Nun ja, schon«, entgegnete ich. »Aber was ist es denn konkret, das uns den Mut raubt?«

Meine Begleiter dachten kurz nach. Richard fand zuerst eine Erklärung: »Nun, auch hier können fallweise verschiedene Aspekte mit einfließen. Hat jemand den Wunsch, sich selbstständig zu machen, könnten beispielsweise finanzielle Ängste ein Hindernis und der Grund dafür sein, dass er nicht beginnt. Seine Angst, ohne Geld da zustehen, sei es dauerhaft oder nur eine Zeit lang, ist so groß, dass er erst gar nicht beginnt.«

Er rieb sich die Augen und fuhr fort: »Aber das ist in meinen Augen nicht die größte Angst. Es gibt diese eine zentrale Angst, die das größte Hindernis darstellt, wenn es darum geht, die eigenen Träume und Wünsche zu erfüllen.«

Er wollte es spannend machen, deshalb fragten Ivana und ich beinahe im Chor: »Na, welche?«

Er schmunzelte. Ivana verstand, dass ihr Einsatz gefragt war. »Aah, mein Lieblingsbeispiel. Nuuun«, holte sie aus und atmete tief ein, »stell dir einmal vor, ohne zu hinterfragen, dass du beschlossen hast, Prostituierte zu werden.«

Ich weichte etwas auf meinem Stuhl zurück, verschluckte mich beinahe an meinem Kaffee und schaute mit großen, verdutzten Augen zu Richard. Der hob entschuldigend die Hände. »Ich habe mir das Beispiel nicht ausgedacht, das war Ivana.«

Ein ungutes Gefühl machte sich in mir breit. Waren sie doch verrückt? War ich am Ende vielleicht sogar an Perverse geraten und in Gefahr?

»Hey«, schimpfte Ivana, »ich habe doch gesagt, nicht hinterfragen! Stell dir einfach vor, das wäre dein Wunsch. Auch nur ein Job, oder?«

Irgendwo hatte sie Recht, deshalb nickte ich, fragte aber misstrauisch: »Mag sein, und dann?«

»Dann frage ich dich: Warum hättest du möglicherweise nicht den Mut, es zu werden?«

Ja, sie war definitiv verrückt geworden. »Ich möchte doch nicht Prostituierte werden!«

»Nein«, entgegnete sie ungeduldig, »aber lass dich doch auf das Spiel ein. Ich versuche nur, dir etwas zu zeigen!«

Erleichtert ließ ich mich auf das Spiel ein. »Schön, ich will also Prostituierte werden. Und?«

»Was könnte dich davon abhalten, es zu tun? Bedenke, es ist dein aufrichtiger Berufswunsch.«

In meinem Kopf lief ein Kopfkino ab. Ich fragte mich, in wie weit das als seriöses Beispiel galt und ob Prostituierte denn überhaupt als Beruf bezeichnet werden konnte? Doch es gelang mir, mich in diese Rolle hineinzuversetzen.

Schließlich konnte ich mir eine Antwort abringen: »Ich würde mich nicht trauen, weil ich mich schämen würde.« Ich hoffte, nicht zu erröten. »Naja, es wäre mir peinlich, weil das kein besonders angesehener, kein anständiger Job ist.« Gleichzeitig fragte ich mich selbst, wem es eigentlich zustand, die Definition eines "anständigen" oder "nicht-anständigen" Berufes festzulegen.

»Abgesehen davon, dass dieser Job für mich nicht in Frage käme, würde ich mich, wenn es mein Traumjob wäre, trotzdem schämen. Weil die Leute dann vermutlich hinter meinem Rücken lästern würden. Sie würden mich nicht ernst nehmen. Am schlimmsten wäre es aber, meinen Wunsch vor Eltern und Freunden auszusprechen.«

Offensichtlich hatte ich gesagt, was sie hören wollte. Dennoch verstand ich den Sinn dieses Spielchens noch nicht.

»Und nun das selbe Spiel noch einmal, aber diesmal möchtest du Müllmann werden.«

»Müllmann?«, rief ich entsetzt. »Ich als Frau?«

»Lass dich einfach drauf ein«, ermahnte mich Ivana und verdrehte die Augen.

Ich ließ mich darauf ein. »Es ist ganz ähnlich wie in dem ersten Beispiel. Ich hätte Angst, dass die Leute mich nicht respektieren, dass sie mich auslachen. Meine Eltern wären wohl nicht stolz auf mich. Und ich würde nach Müll stinken, also hätte ich vielleicht keine Freunde«, antwortete ich in teils gespielter, teils echter Verzweiflung.

»Nun, ob Letzteres nicht etwas übertrieben ist, weiß ich zwar nicht«, lachte Richard, »aber gut. Und nun möchtest du Unternehmensberaterin werden. Was fühlst du da?«

»Nichts«, entgegnete ich spontan. »Naja, nichts Negatives. In diesem Fall wäre ich sehr selbstbewusst und würde alles dafür tun, mein Ziel zu erreichen. Dann wäre ich erfolgreich und angesehen. Meine Familie wäre stolz auf mich, alle würden mich bewundern.«

Richard fragte ermutigend und nachdenklich zugleich: »Wärst du dann glücklich?«

»Ich denke schon«, antwortete ich, überlegte es mir jedoch anders. »Nun ja, eigentlich weiß ich das ja gar nicht. Man denkt automatisch, dass man mit so einem Leben glücklich sein muss. Aber die Realität kann ja oft anders aussehen.«

»Und jetzt noch ein letztes Beispiel«, unterbrach mich Ivana. »Du bist nach wie vor die Unternehmensberaterin. Aber du beschließt, deine Karriere aufzugeben, weil du gerne nur noch als selbstständige Masseuse arbeiten möchtest. Was geht dir da durch den Kopf?«

»Da hätte ich Angst. Ich meine, alle würden sagen ich sei verrückt. Meine Eltern würden vermutlich auch verrückt werden, ganz zu schweigen von den Großeltern!«

Richard fragte ernst: »Siehst du, was wir dir mit diesem Beispiel zeigen wollten?«

Ich ließ mir meine letzten Sätze noch einmal durch den Kopf gehen. »Ja«, sagte ich langsam. »Ich habe immer wieder überlegt, was die Leute davon halten würden. Vor allem Eltern und andere Familienmitglieder, Freunde und Bekannte.«

Ivana schien sichtlich zufrieden mit ihrer Schülerin. »So ist es. Na, hat sich doch gelohnt, sich auf das Spielchen einzulassen!« Sie zwinkerte mir zu. »Genau das wollte ich aufzeigen. Obwohl es um nicht mehr und nicht weniger als unser ganz eigenes Leben geht, wandern unsere Gedanken immer wieder zu der Meinung anderer Menschen. Ihr Urteil ist es oft, das uns den Mut raubt.«

Richard ergänzte ihre Aussage: »Als Kind ist man im Laufe des Sozialisationsprozesses den Gedanken und Worten, Handlungen und Nicht-Handlungen der Eltern hilflos ausgeliefert. In der Konsequenz übernimmt man mit der Zeit deren Weltbild und selbst wenn man irgendwann, viele Jahre später, erkennt, dass dieses Weltbild nicht stimmig sein kann, ist es oft das größte Hindernis, den Mut aufzubringen, sich zu widersetzen. Es gezielt in all seinen Facetten, vor allem den sozialen, zu hinterfragen. Und das alles, weil man immer noch das kleine Kind ist, das schutzlos und hilflos ausgeliefert und davon abhängig ist, von Mami und Papi geliebt und anerkannt zu werden. Weil unser Überleben davon abhängt. Dabei gilt das eigentlich nur für die Kindheit.«

Er schwieg, so dass seine letzten Worte in meinem Kopf nachhallten. Auf diese Weise wurde mir plötzlich das frühkindliche, das menschliche Drama in seiner ganzen Tragweite bewusst. Es waren also oft genau die Menschen, die wir am meisten lieben, die uns in der eigenen Entwicklung ausbremsen. Sei es durch ihre Negativität, ihre festgefahrenen Ansichten oder durch die Liebe, die wir – selbst als Erwachsene - nach wie vor glauben, von ihnen erhalten und nachholen zu müssen, ehe wir fähig werden, unser Leben selbst in die Hand zu nehmen. Wir bleiben unser Leben lang liebesbedürftige, abhängige Kinder.

»Aber doch nur, wenn man es zulässt«, entfuhr es mir. Ich merkte erst, dass ich das laut ausgesprochen hatte, als Richard erwiderte:

»Du hast Recht, nur wenn man es zulässt. Und hier kommen wieder Verantwortung und Mut ins Spiel. Wenn es nämlich um die Frage geht, ob man seine Träume und Wünsche lieber aufgibt, den Angehörigen zuliebe, oder ob man das durchsetzt, was einem vorschwebt, weil man glaubt, dass es gut so ist. Das erfordert vielleicht den größten Mut von uns. Der Mensch ist nun mal ein Rudeltier. Er ist auf die Gruppe angewiesen. Wer aus der Reihe tanzt, ist dem Feind schutzlos ausgeliefert. In der Natur würde das bedeuten, dass er am wahrscheinlichsten gefressen wird.«

Ich stimmte seinen gesellschaftskritischen, aber doch wahren Worten zu. Auf gewisse Weise machten sie mich auch traurig. Ich dachte an meine Eltern, an meine Großeltern, an alle anderen Familienmitglieder, die ich über alles liebte.

»Sie meinen es doch aber nicht böse.«

Doch Ivana hatte wie immer eine Antwort parat. »Sicher, sie meinen es meistens gut. Weil sie uns lieben und meinen, sie wüssten, was für uns gut ist. Aber woher sollen sie es denn wissen?

Haben sie selbst das perfekte Leben? Wahrscheinlich nicht, da die meisten Mitläufer sind, die die
Welt, wie sie sie kennen und wahrnehmen, nur
selten hinterfragen. Und selbst wenn sie ihr
Traumleben führen würden, könnten sie dir nicht
sagen, wie du dein Leben zu gestalten hast, da ihr
Traumleben nicht automatisch auch das Deinige
ist. Wie schon gesagt, es gibt über 7 Milliarden
Wege zum persönlichen Traumleben.«

Spontan fiel mir ein, wie die Vorstellung meiner Mutter von einem guten Leben für mich aussah. »Eltern haben manchmal tolle Ratschläge.
Meine Mutter zum Beispiel erklärt immer, dass
ich mein Abitur machen und studieren soll. Danach soll ich als Dolmetscherin arbeiten und um
die Welt reisen, alleine eine Wohnung nehmen,
keinen Mann suchen, keine Kinder bekommen
und das Leben einfach genießen.« Ivana verschluckte sich beinahe an ihrem Kaffee.

»An sich ja nette Ansätze«, fand Richard. »Hat
sie selbst denn so ein Leben geführt?«

»Nein, im Gegenteil. Deshalb hat sie für mich
ja so genaue Vorstellungen.«

»Sie will, dass du es besser hast«, so Richard.

Ivana schüttelte schnaubend den Kopf. »Ty-
pisch Eltern. Sie wollen entweder, dass man genau
in ihre Fußstapfen tritt, weil es sich für *sie* so be-

währt hat. Oder aber, sie sind unzufrieden mit sich und dem Leben und daher soll man das Gegenteil und bloß keinen von *ihren* Fehlern machen. Ja, sie meinen es gut. Aber unsere Erfahrungen müssen wir schon selbst sammeln, so oder so. Und ihr Weg zum Glück muss nicht unbedingt auch der Unsere sein. Kinder sind manchmal sehr viel anders als ihre Eltern. Und das ist auch gut so.«

 **8**   Während wir unter der italienischen Frühlingssonne genüsslich unsere Cappuccini ausschlürften, debattierten wir weiter über das Dilemma mit der eigenen Familie. Über die Angst, sich ihrem Weltbild zu widersetzen und die Unmöglichkeit, dass Eltern immer genau wissen, was gut für uns ist.

»Ganz ehrlich, der Mensch ist nicht gerade mein Lieblingstier«, sagte Ivana. »Und die größte Tragödie dieser Spezies ist meiner Ansicht nach, dass sie ihren Trieb, im Rudel zu bleiben, um nicht gefressen zu werden, selbst heute im Sozialen noch anwendet und sich selbst dabei im Wege steht, sich ein schönes Leben zu machen.«

Ich erfuhr, dass auch Ivana wusste, wovon sie sprach. Entgegen dem Wunsch ihrer Eltern, hatte sie auf ein Studium verzichtet und jobbte derzeit in Luises Café, um Geld für eine Weltreise zu sparen. In Bezug auf dieses Beispiel kamen wir zu dem Schluss, dass nichts verkehrt war, solange man niemandem bewusst in irgendeiner Form körperlich oder existenziell schadete.

»Dass Eltern oder Partner mit getroffenen Entscheidungen möglicherweise nicht zufrieden sind, ist deren Problem. In diesem Fall muss man sich bewusst abgrenzen und selbstbewusst seinen Weg gehen. Wenn die Angehörigen uns wirklich lieben, nörgeln sie vielleicht anfangs, aber letzten Endes werden sie uns unterstützen. Und wenn alles gut geht, werden sie vielleicht sogar folgen und es uns gleichtun, so dass letzten Endes allen geholfen ist. An unserem Glück können sie sich doch letztlich nur erfreuen, selbst wenn sie es uns zunächst nicht gönnen«, dozierte Richard, woraufhin Ivana grinsend ergänzte:

»Glückliche Eltern machen glückliche Kinder. Glückliche Kinder machen eine glückliche Welt.«

»Ich traue mich gar nicht, zu fragen, ob du noch einen Cappuccino willst«, grinste Richard.

Ivana überholte mich mit der Antwort. »Ihr seid mir schon zwei Kaffeetanten. Ich bring euch noch eine Runde, geht auf's Haus. Zur Feier des Tages, auch wenn es ungesund ist. Außerdem habt ihr die Sachertorte noch gar nicht probiert!«

Richard schien begeistert. »Oh ja, die musst du probieren. Luise macht die vorzüglichste Sachertorte. Das haben wir uns heute verdient!«

»Wofür denn verdient?«, fragte ich.

»Naja, für unseren langen Spaziergang und dafür, dass wir uns heute schon so schön belohnt haben, mit unserer Shopping-Tour und nun mit unserem philosophischen Kaffee-Kränzchen.«

»Als Belohnung für die Belohnung, sozusagen«, erklärte Ivana und verschwand. Die Leichtigkeit, mit der diese Menschen das Leben nahmen, war automatisch ansteckend.

Während wir den Kaffee und die himmlische Sachertorte genossen, sagte ich, um auf unsere interessante Unterhaltung zurückzukommen: »Weißt du, ich finde es so schwierig zu erkennen, wann man sich abgrenzen sollte und wann man lernen muss, mit zwischenmenschlichen Beziehungen umzugehen. Ich meine, man bekommt ja auf gewisse Weise ein Feedback seiner Eltern und der Lehrer.« Dabei musste ich an Eltern und Lehrer denken und an Dinge, die sie über mich gesagt hatten. Mir fiel auf, dass es sich teilweise um sehr verletzende, gelegentlich auch übertrieben positive und insgesamt definitiv widersprüchliche und somit verwirrende Aussagen handelte. Es war nicht leicht, angesichts eines solchen Feedbacks ein Gefühl für sich selbst zu entwickeln.

»Du hast Recht. Nichts prägt unser Leben und unsere Persönlichkeit mehr, als das, was wir von unseren Eltern lernen. Durch Worte, Taten und alles, was zwischen den Zeilen steht. Wir sind unser Leben lang abhängig von dem Verhältnis zu den Eltern. Aber das heißt noch lange nicht, dass sie uns das Richtige gelehrt haben. Und wenn du trotz ihrer Prägung eines Tages bemerkst, dass etwas nicht stimmt, von dem was sie dir zeigten, dann hat das mit Sicherheit auch einen guten Grund und du solltest dem Gedanken nachgehen, anstatt ihn beiseite zu schieben. Eltern haben nicht immer Recht. Ebenso wenig Lehrer, Politiker...«

Mit einem entschlossenen Seufzer fuhr er fort: »Wenn ich immer getan hätte, was mein Vater von mir wollte, dann wäre ich heute sicher nicht so zufrieden. Und wenn ich ihm alles geglaubt hätte, was er über mich sagte, oh je, da hätte ich keinen Funken Selbstvertrauen mehr und würde meinen Eltern wohl nach wie vor am Rockzipfel hängen. Aus Angst, alleine nicht lebensfähig zu sein. Mein Vater hatte eine eigene Firma, die er sich - als blendendes Beispiel für die zweifellos fleißige Nachkriegsgeneration - über viele Jahrzehnte mühevoll aufgebaut hat. Und weiß Gott, ich ziehe meinen Hut vor dieser Leistung. Mir fehlte es materiell gesehen an nichts. Dieser Wohlstand ermöglichte es mir, gebildet zu sein und zu reisen, was mir für meine Lebenserfahrung sehr nützlich war. Aber das bedeutet nun einmal nicht, dass ich diese Firma übernehmen wollte. Das wollte ich nicht. Ich wollte studieren.«

»Und hat dein Vater diesen Entschluss akzeptiert?«, wollte ich wissen.

»Nicht wirklich. Für ihn war das ein Schlag ins Gesicht. Er sparte damals weiß Gott nicht mit Erniedrigungen, nannte mich verrückt, naiv und wenn es nach ihm ging, gehörte ich ohnehin in psychiatrische Behandlung. Weil ich anders war als er. Meinen Wunsch zu studieren fand er geradezu lächerlich und ich durfte mir lange Zeit anhören, dass es meine Schuld sei, wenn das Geschäft schließlich den Bach runter ginge. Tja, ich bin sicher, das hätte er mir auch vorgeworfen, wenn ich es doch übernommen hätte.«

»Du hast es also nicht getan«, stellte ich bewundernd fest.

»Nein, ich blieb standhaft. Denn wenn ich auch in vielerlei Hinsicht anders war als mein Vater, so hatte ich doch seinen Ehrgeiz und seinen Trotzkopf geerbt, der sich in vielerlei Hinsicht als für mein Leben sehr nützlich erwies.«

»Was hast du stattdessen getan?«

»Ich habe meine Sachen gepackt und bin gegangen. Meine Mutter wollte meinen Vater zwar beschwichtigen, aber die Erniedrigungen gingen weiter, bis ich schließlich entschied, dass ich mir dafür zu schade war. Ich zog aus und ging studieren. Dann war ich viele Jahre in einer anderen

Firma tätig. Zum damaligen Zeitpunkt glaubte ich noch, ganz anders sein zu wollen als meine Eltern, aber tatsächlich habe ich trotz des andersartigen Jobs im Grunde genommen den ersten großen Teil meines Lebens genau wie meine Eltern gelebt. Lustig eigentlich.« Er schüttelte fassungslos lächelnd langsam den Kopf. »Ich habe geheiratet und einen Sohn bekommen. Alles ganz *so*, wie es meine Eltern auch getan hatten.«

Bei seinem letzten Satz blickte ich überrascht auf. »Du bist verheiratet?« Mehrere Stunden hatte ich bereits mit diesem Mann verbracht und war nicht auf die Idee gekommen, dass er in seinem Alter vermutlich verheiratet und Vater war.

»Nun, ich *war* verheiratet. Vater bin ich aber nach wie vor«, fügte er mit einem Augenzwinkern hinzu, doch ich konnte sein Grinsen diesmal nicht erwidern. Aus irgendeinem unerklärlichen Grund fühlte ich mich plötzlich seltsam. Er schwelgte in Gedanken. Gedanken an die Vergangenheit, das war mir klar. Doch aus einem mir noch unerklärlicheren Grund wollte ich, dass er sich wieder mit der Gegenwart beschäftigte, mit mir.

»Wie kam es zu der Trennung?«

»Zu der Scheidung«, korrigierte er, »kam es, weil ich es irgendwann, nach vielen Jahren, so wollte. Mein Sohn war groß und wie so oft kam da allerlei zusammen. Die Kinder brauchen einen nicht mehr in dem Maße wie früher. Man sieht wie die Jahre vergehen. Der Körper scheint abzubauen, weil man ja jeden Tag im Büro oder vor dem Fernseher sitzt. Und die Gefühle zur Frau lassen auch nach. Man fragt sich, ob das damals nicht zu voreilig war, aus einer flüchtigen Verliebtheit heraus zu heiraten, nur weil es eben alle so machen. Gleichzeitig hatte ich ganz andere Wünsche. Ich wollte die Welt sehen, wollte Erfahrungen sammeln, die einige Jahre ohne feste Familienplanung erfordert hätten. Und irgendwie versinkt man und denkt gar nicht mehr nach. Oder zumindest erst, wenn man es muss. Ein ziemlich übel schmerzendes Magengeschwür war es schließlich, das mich an jenen Punkt brachte, an dem man sich fragt, ob das schon alles gewesen ist. Und ich hatte noch Glück. Nicht immer ist es ein harmloses Wehwehchen, das der Körper uns schickt, um uns wachzurütteln. Um zu zeigen, dass da etwas aus dem Gleichgewicht geraten ist, dass wir vom Weg abgekommen sind. Der Körper mag uns manchmal lästig erscheinen, doch er ist ein perfektes Fortbewegungsmittel und eine zuverlässige Alarmanlage zugleich. Allein deshalb sollte man ihn pflegen und in Stand halten, sei es durch Ernährung, Sport oder Kosmetik.«

 **9**   Das Thema Ehefrau ließ mich nicht los. Was für eine Frau musste so ein Traummann wohl gehabt haben?

»Wollte deine Frau auch die Scheidung?«

Er presste einen Moment lang die Lippen zusammen. »Nein, das kann man so eigentlich nicht sagen. Sie war strikt dagegen und entpuppte sich als ziemlich aggressiv, als sie von meinem Entschluss erfuhr. Ich weiß, da sprach nur die Enttäuschung aus ihr. Lange versuchte sie mich zu überreden, aber ich wusste, es war richtig.«

»Und dein Sohn blieb bei der Mutter?«

Mit einem Mal war das Strahlen aus seinem Gesicht verschwunden.

»Ja. Wir haben ihm die Wahl gelassen, aber er wollte es so.«

Es war deutlich zu sehen, wie sehr das Thema ihn nach all der Zeit noch bewegte.

»Wie alt ist er denn heute?«, fragte ich.

»Er wird bald 25. Ich glaube, er studiert, aber ich weiß nicht wo und was.«

Das begriff ich zunächst nicht, doch er erklärte: »Ich habe seit der Scheidung nichts mehr von ihm gehört. Was ich weiß, weiß ich von Bekannten.«

»Aber wieso habt ihr denn keinen Kontakt?«

»Nun, auch *das* war seine Entscheidung. Ich fürchte, mein Sohn hat mir nie verziehen, dass ich seine Mutter verlassen habe. Vielleicht denkt er, ich hätte auch *ihn* verlassen.«

Er schluckte schwer. Ich war sprachlos. Unsicher blickte ich umher und aß das letzte Stück meiner Sachertorte. Mir fiel beim besten Willen nicht ein, was ich hätte sagen können.

Zum Glück sprach er weiter: »Als ich ging, steigerte sich seine Mutter in eine Depressionen hinein. Ich denke, auf diese Weise wollte sie mein Mitleid erregen. Aber ich verstand, ich musste mich abgrenzen. Dass ich ein neues Leben brauchte und nicht aus Mitleid diese Spielchen weiterspielen durfte, wo die Liebe fader Gewohnheit gewichen war. Davon hätte niemand profitiert. Sie war für sich selbst verantwortlich, egal was früher war. Und ich war es für mich. Leider nimmt mir mein Sohn das wohl bis heute übel.«

Wir schwiegen. Ich betrachtete Richard, der wie ausgetauscht wirkte und vor sich auf den Tisch starrte. Wir haben alle unsere Leichen im Keller. Auch *er* war verletzlich, auch *sein* Leben hatte Schattenseiten. Das verängstigte mich. Auf gewisse Weise war es aber auch erleichternd. Ich war nicht alleine. Niemand war das.

»Weißt du«, nahm er schließlich seinen gewohnt lässigen Tonfall wieder an, »das wollte ich dir damit sagen. So sehr wir die Menschen in unserer nächsten Umgebung auch lieben mögen, egal, ob sie es gut meinen und unabhängig davon, was sie selbst Schlimmes in ihrem Leben erlebt haben, das kann höchstens eine Erklärung für ihr Verhalten sein, niemals eine Entschuldigung. Und trotz allem sollte jeder von uns eine Bestandsaufnahme machen und den Mut aufbringen, einmal gründlich zu überdenken, ob man wirklich mit allem einverstanden ist, was sie tun und sagen und ob es uns gut tut. Und wenn wir damit nicht weiterkommen, dann ist es unser gutes und bestes Recht, uns davon zu distanzieren. Verantwortung heißt nicht, alles gut zu heißen und zu lächeln, so wie wir es gelernt haben, nur damit die Kirche im Dorf bleibt. Verantwortung heißt, genau hinzusehen, wer uns gut tut und wer nicht und uns dann abzugrenzen. Das ist dein gutes Recht. Und Mitleid jenen Personen gegenüber ist nicht nötig. Jeder ist für sich selbst verantwortlich. Und das heißt ja nicht Abschied für immer, oder Streit. Schade, dass die meisten Menschen Konfrontation oder Rückzug mit Streit gleichsetzen. Das wäre ja noch schöner, wenn man seine Meinung nicht mehr sagen dürfte!«

Still bei mir dachte ich, dass wohl jeder solche Personen kennt, die man eigentlich mag oder zumindest gerne mögen würde. Trotzdem fühlt man sich nach Begegnungen mit ihnen schlecht. Es gibt Menschen, die rauben uns Unmengen von Energie, nicht nur wenn sie viel reden. Es geschieht auf eine subtile Weise. Auch hier gilt es, wie Richard immer wieder betonte, genau hinzusehen. Vor allem auf das eigene Gefühl. Ich erzählte Richard, dass ich diese Menschen "Energievampire" nannte.

»Ja, das stimmt allerdings«, rief er. »Was gleichzeitig nicht bedeutet, dass das schlechte Menschen sind. Aber sie sind eben nicht auf unserer Wellenlänge. Sonst würden sie uns Energie geben, nicht rauben. Und du spürst ja selbst, wann dir jemand Energie raubt. Das Bauchgefühl ist oft der beste Freund. Letztlich hat das Herz wohl immer Recht. Ich glaube allerdings, dass die Menschen, die in unser Leben treten, ohne Ausnahme, dennoch alle eine Rolle spielen. Sie haben alle eine Aufgabe und man lernt aus jeder Begegnung. Versuche einmal, darauf zu achten!«

Das glaubte ich. Gerade aus der Begegnung mit Richard hatte ich bereits sehr viel gelernt.

»Ich finde, man sollte auch da genau hinsehen und sensibel sein. Man kann immer etwas lernen.

Aber: Wenn du spürst, dass dir jemand nicht gut tut, er ein potentieller Energievampir ist, dann ist der Zeitpunkt gekommen, in dich hinein zu hören. Zu prüfen, ob dein schlechtes Gefühl, deine Abneigung, etwas mit dir selbst zu tun hat. Mit etwas, das dich belastet. Das direkt anzusehen und aufzulösen du dich jedoch weigerst. Etwas, mit dem du dich nicht weiter entwickeln willst oder kannst. Wenn es aber tatsächlich einfach ein Energievampir ist, bei dem du dich immer wieder schlecht fühlst, dann übernehme Verantwortung. Gehe den Weg ohne ihn weiter.«

Ich nickte langsam und ließ mir seine Worte nochmals durch den Kopf gehen. So hatte ich das noch nie betrachtet. Wie viele Leute fielen mir ein, bei denen ich nur so schnell wie möglich flüchten wollte, wenn ich ihnen begegnete. Weil ich mich unwohl fühlte, aber nie den Mut hatte, einfach weiterzugehen oder *nein* zu sagen, obwohl ich mich danach über mich selbst ärgerte.

»Im Leben musst du lernen, auch *nein* zu sagen. Erst dann kannst du *ja* sagen. Erst recht, wenn du sensibel und empfindlich bist.«

Wieder war ich überrascht darüber, dass Richard meine Gedanken zu lesen schien. Ich fragte einem spontanen Einfall folgend: »Ich verstehe, dass das zur Verantwortung gehört. Aber warum steht dann in den Büchern immer, man solle jeden Menschen lieben und gut behandeln? Ist das nicht ein Widerspruch in sich?«

Richard wirkte amüsiert. »Ja, der gute alte Jesus mit seiner Nächstenliebe. Und übrigens ist das Christentum nicht die einzige Religion, die dazu auffordert, sich um das Wohl der Mitmenschen zu kümmern, als sei es das Eigene. Nur, erinnerst du dich noch, was ich dir über das Missverständnis beim positiven Denken gesagt habe?«

Ich konnte mich erinnern. »Du meintest, dass die Menschen das Positiv-Denken zu wörtlich nehmen. Dass sie glauben, jeden einzelnen Tag nur noch happy sein zu müssen, um sagen zu können, sie seien glücklich. Und dass sie dann enttäuscht seien, wenn es nicht funktioniert.«

»Gut aufgepasst«, scherzte er, um schließlich fortzufahren: »Und bezüglich der Debatte um die Nächstenliebe, die ja freilich auch im Zusammenhang mit dem positiven Denken steht, sehe ich ein ähnliches Missverständnis. Ich glaube, ich erzähle dir nichts Neues, wenn ich sage, dass es nicht besonders einfach ist, jeden Menschen zu mögen. Und sie dann auch noch alle zu lieben wie uns selbst? Ich denke, das dürfte sich ähnlich schwierig gestalten wie das Jeden-Tag-positiv-Denken. Ich weiß nicht, ob das überhaupt möglich ist. Und ich denke auch in diesem Fall nicht, dass das unbedingt nötig ist, in dem Sinne, wie wir es bislang verstanden haben. Es gibt einfach Menschen, die ganz andere Interessen haben. Oder einen Charakter, den wir nicht nachvollziehen können. Oder etwas in ihrer Ausstrahlung oder Art, was uns einfach abstößt. Oft sind wir noch dazu oberflächlich und können vielleicht sein Gesicht nicht ausstehen, können ihn einfach nicht leiden. Und nun sollen wir uns zwingen, diesen Typen auch noch zu mögen, gar zu lieben? Ich denke, dieser Schuss dürfte nach hinten losgehen. Wir wissen ja, dass man sich kaum zwingen kann, etwas zu tun, geschweige denn zu mögen, wenn man im Grunde noch gar nicht bereit dazu ist.«

Ivana war wieder zur Stelle. »Da du diese ganzen Bücher liest, kennst du sicher die Vermutung, dass wir letztendlich ohnehin alle Eins sind. Daraus resultiert, dass Trennung eine Illusion ist und wir im Grunde immer verbunden sind. So sollten wir das Gefühl und den Eindruck der Trennung von anderen Menschen ablegen, weil die anderen nur unser Spiegel, eine Form von uns selbst sind. Kompliziert, ich weiß«, schnaubte sie.

»Ich mag kritisch klingen, aber auch ich stimme diesen Theorien zu«, erklärte Richard. »Mein jahrelanges Nachdenken hat mich an den Punkt gebracht, zu glauben, dass das in Richtung der Wahrheit gehen dürfte. Aber ob Illusion oder nicht, ich denke, für unser Leben - egal ob Traum, Illusion, Halluzination oder was auch immer - ist es zwar sinnvoll, uns alle als verbunden zu sehen, aber es ist nicht unbedingt praktisch, uns zu zwingen, jeden Menschen zu lieben. Ich denke, dass wir auf diesem Wege häufig konkret nicht weiterkommen. Dabei geht es im Leben doch sicher darum, Erfahrungen zu machen und sich weiter zu entwickeln. Meine Meinung ist daher, dass wir die Illusion der Trennung erst dann auflösen können, wenn wir uns zunächst abgegrenzt haben und uns aus der Distanz ein klareres Bild machen, uns selbst näher kommen konnten.«

Ich versuchte ihm zu folgen, tat mich jedoch schwer. Ivana sah mir das wohl an. »Das ist nun wirklich kein einfacher Stoff, ich weiß. Wäre ja auch langweilig, wenn es sofort zu kapieren wäre. Vielleicht ist es sogar einfach. Aber es ist wohl wie mit so manchem Rätsel. Obwohl die Lösung einfach und banal erscheinen mag, rätselt man oft ewig daran herum. Die Dynamik von Nähe und Distanz ist sicher kein einfaches Rätsel, das es zu lösen gilt. Das Gleichgewicht ist nicht leicht herauszufinden. Und dennoch bin ich der Überzeugung, dass auch dieser Aspekt der Dualität einen

Sinn macht. Erst, wenn die Distanz ihr Recht erhält, kann in uns der Wunsch nach Nähe wieder reifen. Und da währenddessen ja eine Veränderung der Wahrnehmung stattfindet, zeigt sich, dass in der Distanz eine Entwicklung in einem selbst vonstattengehen muss.«

Nun schaute ich wohl besonders dumm aus der Wäsche. Richard fasste amüsiert über meine Verwirrung zusammen: »Kurz und knapp: Wir glauben nicht, dass wir wirklich jeden Menschen lieben müssen, sondern dass wir uns von Menschen, die uns nicht gut tun, durchaus distanzieren dürfen. In dieser Distanz erkennen wir uns selbst und entwickeln uns weiter. Erst *dann* besteht die Chance, die Illusion der Trennung und Abneigung aufzulösen und in Liebe wieder auf denjenigen zugehen zu können - oder aber ohne ihn weiterzugehen. Ich denke, wichtig ist einfach, zu leben und andere Lebewesen leben zu lassen.«

Ivana klopfte ihm auf die Schulter. »Gut gesagt, mein Lieber. Auch für mich bedeutet das, was du gesagt hast, Respekt. Ein falsches Lächeln und Heuchelei, obwohl man jemanden eigentlich nicht ausstehen kann und er einem nicht gut tut, anschließend noch hintenrum über denjenigen zu lästern, das verstehe ich nicht unter Respekt und ich denke, das hilft ebenso wenig weiter, wie Gewalt, Streit oder Krieg. Wenn man schon die Konfrontation sucht, dann in einem direkten Gespräch oder eben durch Distanz.«

»Wahrscheinlich kann man mit Kants Worten sagen: *Was du nicht willst, das man dir tut, das tu auch keinem anderen*«, ergänzte ich stolz darauf, auch mit einem Zitat glänzen zu können.

Ivana lachte. »Jetzt fängst du auch schon an mit den Zitaten! Aber es stimmt, mit dieser Faustregel dürfte man nicht schlecht fahren. So lange es also moralisch vertretbar ist, kann man tun und lassen, was man will. Und wenn man damit nicht weiterkommt, muss man eben einen anderen Weg wählen. Ab und zu die Kontrolle zu verlieren ist menschlich. Aber aus Mitleid und wegen der Dorfkirche sollte niemand die Verantwortung für das eigene Leben abschieben.«

 **10**   Im Laufe des Gesprächs kamen wir darauf zu sprechen, wie wichtig Freunde und Familie dennoch sind. Wir waren uns darüber einig, dass es besser sei, einen oder wenige wichtige enge Freunde zu haben, als hundert flüchtige Bekanntschaften.

Ivana echauffierte sich über Smalltalk, von dem sie als Kellnerin mehr als genug bekam und erzählte, sie ginge oberflächlichen Unterhaltungen in der Regel gerne aus dem Weg.

»Wie geht es dir eigentlich?«, fragte sie mich schließlich und schaute mich direkt an. Auch ich blickte sie an. Was sollte diese Frage? Zumal man diese ja in der Regel zu Beginn einer Unterhaltung stellt, nicht mittendrin.

»Gut«, antwortete ich dennoch und vertraute darauf, dass sie mir den Sinn ihrer Frage schon noch erläutern würde.

Doch sie zuckte nur mit den Schultern und zog eine Schnute. »Schade, die übliche Antwort.«

»Wie meinst du das?«

»Naja, wenn man jemanden fragt, wie es ihm denn geht, kommt meistens nur *gut* zur Antwort. Und keine weitere Erklärung. Und das Gegenüber fragt in der Regel auch gar nicht mehr genauer nach. Ist das nicht traurig? Wie oberflächlich und leer die meisten Begegnungen doch sind, oft selbst die mit unseren "Freunden".«

Ich begriff, was sie daran störte. Wozu aller Smalltalk der Welt, wenn man schließlich doch nur an der Oberfläche bleibt? Wenn man seinem jeweiligen Gegenüber so wenig vertraut und sich so wenig fallen lassen kann, dass man sich ganz offen in all seiner Verletzlichkeit zeigt und eben sagt, dass es einem nicht gut geht. Oder warum man sich eben so fühlt, wie man sich fühlt. Während die andere Seite nicht einmal so viel Interesse am Gegenüber hat, genauer nachzufragen und sich beide stillschweigend darüber einigen, dass das *gut* als Festlegung der Grenzen, der Distanz und als minimal aufzubringende Höflichkeit so stehen bleiben kann.

»Wenn das alles ist, was wir miteinander teilen, dann ist mir das Lächeln auf Weltreise schon deutlich lieber.« Sie spielte an ihrer kindlich wirkenden gelben Haarspange herum, die, wie ich erst jetzt erkannte, einen Smiley darstellte.

»Das was?«

»Na, das Lächeln auf Weltreise! Das geht ganz einfach. Die nächste Person, die an dir vorbei läuft, lächelst du einfach nur an. Probier's aus!«

Ich tat, wie mir geheißen und lächelte eine Frau mit einem Einkaufskorb an, die an unserem Tisch vorbeilief. Sie schaute zunächst noch ernst, dann etwas verwundert über mein herzliches Lächeln, das ganz und gar ihr gilt. Doch schließlich zogen sich ihre Mundwinkel nach oben und sie lächelte zurück, bis sie verschwand.

»Siehst du, wenn du einen Menschen so anlächelst, dann kann er in den meisten Fällen gar nicht anders, als automatisch auch zu lächeln. Und das Tolle ist, dass jemand Drittes ihr Lächeln sehen und daraufhin ebenfalls selbst lächeln wird, was dann wiederum eine vierte Person sehen wird und so weiter. Unser Lächeln fliegt jetzt also gerade in kürzester Zeit über alle Weltkontinente, stell dir das mal vor! Dagegen kann die Post und jeder Paketzusteller gleich einpacken.«

Sie strahlte angesichts der Vorstellung, wie sich unser Lächeln gerade im Blitztempo seinen Weg quer über alle Erdteile bahnte und schließlich vielleicht sogar hierher zurückkommen würde.

Nachdem wir unsere letzten Cappuccini ausgetrunken und die Sachertorte verschlungen hatten, hieß es Abschied nehmen. Noch nie war mir ein Abschied von Menschen so schwer gefallen, die ich erst wenige Stunden kannte. Luise lud uns auf die konsumierten Leckereien ein und Ivana war den Tränen nahe, als sie mich noch einmal fest drückte und wir unsere Adressen austauschten.

Richard und ich beschlossen, die restliche Zeit in Bozen für einen Spaziergang im Grünen zu nutzen. Wir machten uns durch das Gewirr der Altstadtgassen, vorbei an einem Museum, in dem laut Richard die berühmte Gletscherleiche Ötzi zu besichtigen war, auf den Weg zu einer der reizvollsten Parkanlagen und Flusspromenaden, die ich bislang gesehen hatte. Auf der Wassermauer, der elegant angelegten Promenade, flanierten Touristen, Einheimische und insbesondere ältere Damen, die vornehm gekleidet ihrem Klatsch-und-Tratsch nachgingen, während auf einer weitläufigen Grünanlage Jugendliche in Grüppchen beisammen saßen und Musik hörten. Auf einem Spielplatz tobten wild durcheinander kreischende Kinder. Es gab großzügige Fußball- und Volleyballanlagen sowie einen Trimm-dich-Pfad und eine Skaterbahn, auf der es von Teenagern nur so wimmelte. Ein sehr lebendiger Ort.

Die Nachmittagssonne brannte heiß auf die Reben und Apfel-Plantagen, die ich überall rings herum auf den saftig-grünen Hügeln rund um die Stadt erkennen konnte, herab. Auf die Kirchen,

Burgen und Höfe. Und auf die Rosengartengruppe, die gigantische zackige Felsformation der Dolomiten, die wie eine Königin hoch oben stolz auf die Stadt Bozen herunterblickte.

»Was für eine schöne Stadt«, sagte ich noch einmal. Ich würde es wohl noch so manches Mal wiederholen.

»Wie geht es dir?«, fragte Richard. Nanu, schon wieder diese Frage?

»Gut, habe ich doch eben schon gesagt. Siehst du doch«, antwortete ich wahrheitsgemäß.

Er nickte. »Ja, ich weiß. Und vielleicht stimmt es auch. Aber höre doch mal genau in dich rein. Wie geht es dir insgesamt momentan?«

Er hatte einen Knopf in mir gedrückt. Schließlich sprudelte es aus mir heraus. Ich begriff inzwischen sehr schnell, was mein Begleiter dachte, auch wenn er es nicht aussprach. Ich verstand, worauf er hinaus wollte und dass ich nun an der Reihe war, etwas von mir preiszugeben.

Und so erzählte ich ihm von meiner an sich unbeschwerten, aber von elterlichen Beziehungskrisen überschatteten Kindheit, von meiner nun beinahe überstandenen dreizehnjährigen Schulzeit und den Krisen, die ich – wie so mancher Jugendliche – zu durchleben hatte und schließlich von meinen Ängsten die Zukunft betreffend.

Richard lauschte mir mit einer solchen Aufmerksamkeit und ehrlichem Interesse, dass ich schließlich in Tränen ausbrach. Es waren jedoch keine unangenehmen Tränen. Es tat so gut, über Dinge zu sprechen, die ich sonst niemandem erzählte und die sich unbewusst in mir angestaut hatten. Und das alles nur ausgelöst durch ein wirkliches und wahrhaftiges *Wie geht es dir?*.

Richard reichte mir ein Taschentuch. Als ich mich wieder beruhigt hatte, schenkte er mir ein warmes Lächeln. Nun kam ich mir albern vor. »Du denkst sicher, ich sei komisch. Ein hysterischer Jugendlicher mit banalen Problemchen.«

»Nein, meine Liebe, das denke ich *nicht*. Im Übrigen war ich noch vor kurzem selbst so ein hysterischer Jugendlicher. Ich weiß also ziemlich genau, dass diese Problemchen nicht minder wichtig sind, als andere Konflikte, die man im Laufe seines Lebens zu lösen hat, unabhängig des Alters. Ich finde es in der Jugend besonders schwer, da man am Anfang seines Lebens steht und der Einfluss der Sozialisations-Instanzen noch viel stärker ist, als später, wenn man als Volljähriger offiziell das Recht hat, sein Leben selbst zu gestalten. In der Schulzeit ist man dem, was die Erwachsenen als richtig befinden, fast schutzlos ausgeliefert und wird nach ihrem Willen abgerichtet.«

Wieder sprach er mir aus der Seele, denn ich hatte lange schon den Eindruck, dass bereits in der Schule eine Abrichtung der Kinder stattfindet.

»Ich gehöre nicht zu den Erwachsenen, die vergessen, dass sie selbst einmal jung waren und die meinen, sie müssten vor einem Jüngeren weniger Achtung haben oder über jüngere Generationen schimpfen. Da fällt mir ein, kennst du schon das Zitat von Aristoteles über die Jugend? Er soll gesagt haben: *Ich habe überhaupt keine Hoffnung mehr in die Zukunft unseres Landes, wenn einmal unsere Jugend die Männer von morgen stellt. Unsere Jugend ist unerträglich, unverantwortlich und entsetzlich anzusehen.* Es gibt im Übrigen zahlreiche derartige Zitate aus früheren Jahrhunderten. Interessant zu sehen, dass die heutigen Aussagen sich von den Früheren kaum unterscheiden. Dann ist die viertausend Jahre alte Prophezeiung in Keilschrift, die Archäologen gefunden haben und die besagt, dass die Jugend heruntergekommen und zuchtlos sei, dass die jungen Leute nicht mehr auf ihre Eltern hören und das Ende der Welt demnach nahe bevorstehe, wohl nicht eingetroffen.«

 **11** »Um auf deine Worte von vorhin zurückzukommen«, sagte Richard, »ich denke, jeder kennt in gewissem Maße Zukunftsängste und Ängste vor dem Leben an sich. Diese können uns ziemlich blockieren und in unserer Entwicklung aufhalten, da sie uns ja davon abhalten, zu handeln. Du solltest dich diesen Ängsten auf jeden Fall stellen. Nur so können sie sich auflösen. Verdrängung bringt nichts.«

Wie sollte man sich seinen Zukunftsängsten stellen? Angst ist ja nichts Reales?

»Nun, die Angst ist nichts Reales. Daher geht man häufig davon aus, dass sie schlichtweg etwas Lästiges ist. Dass man sie besser verdrängt. Aber das Schlimme ist, dass die Menschen – obwohl die Angst ja nichts Greifbares ist – sich dennoch vor ihr gewissermaßen erniedrigen, sich von ihr aufhalten lassen und somit nicht unbeschwert ihren Lebensweg gehen können.«

Das konnte ich bestätigen. Ich hatte mir selbst schon oft überlegt, dass Angst wie eine Schranke sein kann. Wie viele Dinge fielen mir spontan ein, die ich gerne einmal getan hätte, die ich aber nie tat, weil ich schlichtweg wie gelähmt war.

»Weißt du, wovor man eigentlich konkret Angst hat?«, fragte Richard.

Ich dachte nach. Mir fielen zahlreiche Beispiele ein. Angst vor dem Studium, Angst vor dem Ausziehen aus dem Elternhaus, Angst vor dem späteren Berufsleben, Angst vor dem Verlust geliebter Menschen, Angst vor dem Alter und überhaupt die Angst davor, das Leben könne eventuell nicht so werden, wie ich es mir wünschen würde, wenn ich die Wahl hätte.

»Vielleicht ist es vor allem die Angst, dass sich etwas verändert«, überlegte ich laut. »Die Angst, dass sich das Leben ändert und es einem dann eventuell nicht mehr gefällt.«

»Wie Recht du hast. Das sind sicher ganz konkrete Ängste. Aber das müsste nicht sein. Wusstest du, dass es nur zwei Ängste gibt, die dem Menschen wirklich angeboren sind?«

»Wirklich, und welche sind das?«

»Die einzigen Ängste, die tatsächlich angeboren sind, sind die Angst zu fallen sowie die Angst vor einem lauten Knall.«

Er legte eine Kunstpause ein und freute sich über mein überraschtes Gesicht. Die Angst zu fallen? Nun gut, als Baby war das sicher eine nützliche Angst, die einen davon abhielt, von einem Tisch zu plumpsen, wo ja die Feinmotorik noch nicht gut funktionierte und man nicht einmal laufen konnte, man also hilflos ausgeliefert war. Aber die Angst vor einem lauten Knall?

»Es stimmt wirklich«, lachte Richard, obgleich ich nichts laut gesagt hatte. »Das sind die einzigen beiden Grundängste des Menschen. Aber im Laufe der Zeit kommen immer mehr Ängste hinzu. Etwa die Angst, von den Eltern nicht geliebt, nicht anerkannt und schließlich verlassen zu werden. Eine tückische Angst, die uns ja leider das ganze Leben lang begleiten kann, wie wir heute schon besprochen haben. Ich rate daher jedem Menschen, besonders an dieser Angst zu arbeiten, auf dass der Wunsch, den Eltern zu gefallen, nicht letztlich das gesamte Leben dominiert. Nun, jedenfalls ist jede Angst - außer der beiden Genannten - lediglich sozial konstruiert und wird im Laufe des Lebens im Rahmen der Sozialisation von uns Individuen verinnerlicht.«

Das fand ich erstaunlich und schüttelte gleichzeitig den Kopf darüber, wie viele Sorgen, wie viel Kummer demnach im Grunde unnötig war.

»Der Mensch verfügt über ein großes Talent: Er ist ein Meister darin, sich das Leben selbst schwer zu machen«, meinte Richard. »Du sagtest eben, dass die Angst vor Veränderung und die Angst, das Leben könne eventuell nicht so werden, wie du es dir wünscht, die möglicherweise größten Ängste sind. Ich denke jedoch, dass man das noch allgemeiner zusammenfassen kann. Meiner Meinung nach sind die beiden zentralen Ängste des Menschen vor allem die Angst vor dem Scheitern und die Angst vor dem Tod.«

Wieder gab er mir Zeit, über das Gesagte nachzudenken, half mir jedoch auf die Sprünge: »Sieh mal, Veränderung gehört zum Leben dazu wie Tag und Nacht. Der Mensch wächst damit auf und hat als Kind zunächst keine großen Ängste. Ich glaube, dass ein Kind, das vom Kindergarten in die Schule kommt, noch keine so großen Ängste hat, wie du als Abiturientin vor Studium und Berufsleben. Oder hattest du damals Ängste?«

»Im Gegenteil! Es war ein tolles Gefühl, in die Schule zu kommen. *Wenn* ich Ängste hatte, kann ich mich heute nicht mehr daran erinnern. Andererseits war ich aber noch ein Kind.«

»Mag sein. Aber wie wir ja gesehen haben, entspricht die Angst keiner natürlichen Begebenheit und ist demnach sozial konstruiert. Während die Angst als Kind noch nicht vorhanden ist, ist sie bei Teenagern schon größer und kann mit dem Alter noch wachsen. Warum? Weil die Angst zu scheitern immer größer wird. Schon von den Eltern kriegen wir nicht immer schöne Dinge gesagt.

Sie erkennen unsere Leistungen und liebevollen Seiten oft zu wenig an, kritisieren oder erniedrigen uns vielleicht sogar. Das angekratzte Selbstbewusstsein wird in der Schulzeit nicht gerade geheilt, da der Leistungsdruck hinzu kommt und teilweise sadistisch veranlagte Lehrer noch den letzten Rest Selbstwertgefühl aus uns rauspressen.« Davon konnte ich ein Lied singen. Meine Schulzeit hätte ich zwar im Nachhinein etwas lockerer gesehen, nun da sie bald zu Ende war, aber wenn man nun einmal darin steckt und kein Ende in Sicht ist, sieht die Sache anders aus.

»Ich will damit sagen, dass du nur deshalb Angst vor der Zukunft hast, weil du Angst davor hast, zu scheitern. Du hast Angst davor, unangenehme Erfahrungen zu machen.«

Das ergab Sinn. »Ja, ich verstehe. Du meinst, wenn mein Leben so wäre, wie ich es mir wünsche, dann wäre ich nicht gescheitert. Dann bräuchte ich keine Angst zu haben. Wenn ich jedoch unzufrieden wäre, würde das bedeuten, dass ich gescheitert bin. Daher die Angst.«

»Ich hätte es nicht besser erklären können. Der Mensch hat also nicht vor der Veränderung an sich Angst, sondern davor, durch seine Taten im Leben zu scheitern. Er hat Angst, Fehler zu machen. Deshalb führt er häufig sein Leben selbst *dann* auf die immer selbe Weise fort, wenn er unzufrieden ist. Immerhin, so meint er, bleibe so alles beim Alten. Das sei schließlich besser als Veränderungen, die sich eventuell als Fehler entpuppen und noch unzufriedener machen könnten.«

Spontan fielen mir Zitate ein wie: *Geht irgendwo die Sonne unter, geht sie anderswo auf* oder *Wenn sich eine Tür schließt, öffnet sich irgendwo eine andere.* Richards Ansicht nach bleiben wir leider oft so lange vor einer geschlossenen Türe stehen und warten vergeblich darauf, dass sie sich von alleine öffnet, dass wir nicht sehen, dass eine andere Türe längst für uns offen steht.

»Ein trauriges Leben. Das bedeutet für mich Scheitern«, meinte Richard. »Ich finde, es sollte uns bereits in der Grundschule ein zentraler Leitsatz beigebracht werden: Scheitern ist keine Schande! Man sollte uns von Anfang an die Angst vor dem Scheitern nehmen, indem man uns klarmacht, dass das Hinfallen zum Leben gehört. Dass erst durch das Hinfallen Entwicklung möglich wird. Und dass das eigentliche Scheitern darin besteht, liegen zu bleiben. Wie viel leichter und intensiver wäre das Leben!«

12　　Richard schlug vor, auf der Oswaldpromenade, einem Panoramaweg, der einen grandiosen Blick über die Stadt und die Berge der Umgebung bot, einen Veneziano auf einer Hotelterrasse zu trinken. Natürlich wurde ich eingeladen.

»Sag mal«, wollte er wissen, »wo wir von Zukunftsängsten und Angst vor dem Arbeitsleben sprechen, was würdest du gerne tun, wenn du alle Möglichkeiten der Welt hättest? Natürlich *hast* du alle Möglichkeiten, aber wir denken ja leider häufig, wir hätten sie nicht.«

»Hm, eigentlich weiß ich es selbst noch nicht genau. Ich könnte mir vorstellen, als Lehrerin zu arbeiten. Oder etwas im Tourismus. Oder mit Kunst«, stammelte ich und wirkte wohl wenig überzeugend, denn Richard schaute mich mit dumpfem Gesichtsausdruck an und fuhr fort:

»Stopp. Ich habe nicht gefragt, was du nach der Schule werden willst. Meine Frage war, was du tatsächlich von Herzen gerne tun würdest, wenn es keine *Wenns* und *Abers* gäbe. Keine Ängste, keine finanziellen oder sonstigen Hindernisse. Was ist sozusagen deine Traumtätigkeit? Selbst wenn es kein Geld dafür gäbe. Aber wenn du etwas für immer tun dürftest und noch dazu Geld dafür bekämest, was wäre das?«

Das hatte mich noch niemand gefragt. In der Regel fragten die Leute, was ich nach dem Abitur studieren und was ich dann damit anfangen wolle, worauf ich selbst keine Antwort wusste. Ich hasste diese Frage. Doch bei der Antwort auf Richards Frage überkam mich plötzlich eine tiefe Freude: »Dann würde ich gerne schreiben.«

»Aha, klingt doch schon überzeugender. Was würdest du denn schreiben?« Ich zuckte mit den Schultern. »Für eine Zeitung oder ein Magazin?«

»Das nicht unbedingt. Ich würde am liebsten meine eigenen Romane oder auch Sachbücher über Themen schreiben, die mich interessieren. Oder auch Kinderbücher, zu denen ich die Bilder selbst male und Zeichnungen anfertige.«

Ich kam ins Schwärmen, kam mir aber gleichzeitig wahnsinnig naiv vor. Wie viele Jugendliche erzählten jedem, der es hören wollte oder auch nicht, dass sie Schriftsteller, Schauspieler, Tänzer, Sänger oder am besten gleich Superstar werden wollten. Und dennoch lachte mich Richard nicht aus, sondern sprach ernst und interessiert weiter.

»Ah, eine freie Autorin also? Nun, das ist doch schon ein ziemlich konkreter Wunsch.«

»Ja, das wäre toll. Wenn ich mir vorstelle, von wo aus auch immer ich gerade bin, zu schreiben, meine Kreativität einfließen zu lassen und auch noch Geld dafür zu bekommen, klopft mein Herz vor Aufregung ganz schnell!«

Richard strahlte mich an. »Fantastisch! Weißt du, was das bedeutet? Wenn dein Herz vor Freude so schnell schlägt, dann sprichst du definitiv über einen Herzenswunsch. Da hast du vielen Menschen etwas voraus, denn deren Herz klopft in vielen Fällen bei gar nichts, so dass sie oft denken, sie hätten gar keine Leidenschaft oder Herzenswünsche. Und wenn ihr Herz mal schneller klopft, dann leider bei weniger angenehmen Ereignissen. Ich behaupte, dass jeder Mensch Herzenswünsche hat. Die meisten haben nur aufgehört, auf ihr Herz zu hören. Aber sag mal, warum schreibst du denn dann nicht schon längst?«

»Naja, ich schreibe Tagebuch«, verteidigte ich mich kleinlaut. »Und Emails. Und Briefe.« Das schien ihn wenig zu beeindrucken.

»Warum keine Romane und Sachbücher? Du sagtest doch, dass dich das interessiert?«

»Ja, das tut es«, stammelte ich. »Aber irgendwie kann ich das nicht.«

»Du kannst es nicht? Und dennoch willst du das beruflich machen? Hm, also ich kenne ja diese

Sänger, die zu *DSDS* kommen und die wohl eher nach Anerkennung suchen, als dass Singen wirklich ihr Talent und Hobby wäre. Aber wenn man etwas wirklich sehr gerne tut, behaupte ich, dass man es in der Regel auch gut kann.«

»Mag sein, ja, irgendwie kann ich es schon. Und ein paar Ideen habe ich auch. Aber es ist eben nichts davon ausgereift.«

»Hast du überhaupt schon einmal begonnen?«

»Als Kind habe ich zahlreiche Projekte zu Ende geführt. Richtige Geschichten mit selbstgemalten Bildern. Aber wenn ich heute manchmal mit einer Idee beginne, verwerfe ich sie schnell wieder. Ich komme einfach nicht weiter.«

»Wie kommt das?«

»Naja, du hast doch sicher schon von der Schreibblockade gehört? Die gibt es tatsächlich. Manchmal bekomme ich richtig Panik, wenn ich das weiße Blatt oder das leere Dokument am PC vor mir sehe. Oder ich ärgere mich über die schiefen Sätze und Formulierungen. Ich weiß, was du sagen willst«, sagte ich schnell, denn inzwischen war mir, als wüsste auch *ich*, was Richard dachte, ohne dass er es aussprach. »Ich habe eigentlich nur Angst zu scheitern. Ich denke immer, meine Sätze müssten perfekt sein, anstatt alles zunächst einmal niederzuschreiben und mich später um das

Ausformulieren zu kümmern. Und dann kommen solche Ängste wie, dass niemand meine Texte lesen will, sie niemanden interessieren. Und dann bin ich so jung, habe kaum Lebenserfahrung, also kann ich doch höchstens Kinderbücher schreiben. Und wahrscheinlich finden mich selbst die Kinder langweilig! Ach und überhaupt, es heißt immer, als Schriftsteller kann man nicht überleben. Das gelingt nur den wenigsten. Kein Verlag würde mich unter Vertrag nehmen.«

Ich redete mich geradezu in Rage und kickte wütend einen Kieselstein vor mir weg. Richard betrachtete mich indes von der Seite und rieb sich nachdenklich das Kinn.

»Nun, wenn du wirklich so überzeugt bist, dann kann ich dir leider nicht helfen.« Ich schaute schlechten Gewissens auf den Boden.

»Wenn du aber weißt, dass das Blödsinn ist, dass es genau *diese* Sprüche sind, die dir helfen, die Selbstverantwortung abzugeben und aus Angst vor eventuellem Scheitern gar nicht erst zu handeln, dann rate ich dir: spring ins kalte Wasser, stoße all diese negativen Aussagen vor den Kopf und wisse es besser. Fang einfach an, egal wie! So manches beginnt mit einer Katastrophe.«

»Aber worüber soll ich denn schreiben«, klagte ich. Mir gingen die Ausreden aus.

»Schreib über unser Gespräch!«

»Wie bitte?« Richard zwinkerte mir nur zu und betrachtete die Wolken am Himmel. Schließlich sagte er: »Viele Leute wissen nicht, was sie eigentlich wollen. Ich denke, das ist auch zutiefst menschlich und keine Schande. Aber ist es denn richtig, wenn man auch noch nicht weiß, was man eigentlich will, einfach weiterhin das zu tun, was man eigentlich *nicht* will? Oder was einem zumindest keinen Spaß macht, einen aber auch nicht umbringt? Nein, das finde ich wenig hilfreich und ich sehe auch *darin* ein Wegschieben der Verantwortung und eine Ausrede à la *irgendwas muss man ja schließlich tun.*«

»Aber wenn man doch so gar nicht weiß, was man will, was soll man denn dann tun? Einfach abwarten und nichts tun und darauf hoffen, dass die Antwort von selbst kommen wird?«

»Definitiv nicht«, entgegnete Richard streng. »Dir sollte klar sein, dass im Leben selten etwas einfach irgendwann auf dich zukommt und du dann ganz plötzlich bereit bist. Auch diese Einstellung sehe ich als Versuch an, die Verantwortung von sich zu schieben. Es stimmt insofern, als das Leben manchmal eingreift und durch Schicksalsschläge oder andere einschneidende Ereignisse sozusagen eine Entscheidung und Veränderung von uns Menschen erzwingt. Aber auch hier beobachte ich, dass eine Veränderung in eine neue Richtung nur dann stattfindet, wenn der Mensch innerlich ohnehin schon mehr oder weniger darüber nachdachte, etwas in eine bestimmte Richtung zu ändern. *Einfach so* kommt die Erkenntnis aber nicht. In der Regel wird man danach weitermachen wie vorher oder zumindest kein Stückchen weiterkommen. Warte also niemals darauf, dass das Leben für dich entscheidet. Was es bringt, könnte dir eventuell nicht gefallen. Du musst schon selbst das Ruder in die Hand nehmen.«

»Wenn doch aber jemand so gar nicht weiß, was er will? Was soll er denn dann schon tun, er kann doch nicht einfach gar nichts tun?«

»Ja, ich verstehe deine Frage. Und ich denke, jeder von uns sah sich in irgendeiner Weise schon mit der Frage konfrontiert, was er denn eigentlich überhaupt will. Entscheidungen können manchmal sehr schwer fallen. Nun, ich persönlich habe aus diesem Leben den Schluss gezogen, dass jeder Mensch in seinem tiefsten Inneren sehr genau weiß, was er will und weshalb er überhaupt auf der Welt ist. Ja, ganz recht, ich glaube an einen übergeordneten Sinn und gehe deshalb davon aus, dass das reine Nichtstun oder das Leben für andere, die Anpassung für die schon mehrmals erwähnte Dorfkirche, eine Verschwendung unendlich wertvoller Zeit und Potenzials ist und dass darin definitiv *nicht* der Sinn des Lebens besteht. Ich begreife aber, dass besonders jene Menschen, die gelernt haben, ihren Eltern brav zu gefallen, immer verständnisvoll jedes Für und Wider abzuwägen und bloß nie die Kontrolle zu verlieren oder aus der Reihe zu tanzen, die ihr Leben lang versuchen, die Anerkennung der Eltern und anderer Menschen zu gewinnen, dass diese Leute sich mit der Zeit schwer tun zu erkennen, was in ihrem tiefsten Inneren eigentlich vor sich geht. Ich glaube, dass diese Menschen traurigerweise auf die Frage *Wer bin ich?* antworten müssten: *Ich weiß es nicht*. Oder *Ich weiß es nicht mehr*. Sie haben verlernt, zu wissen, wer sie sind. Und somit *auch*, auf sich und ihr Herz zu hören.«

»Das glaube ich gerne. Aber gerade wenn sie es mit der Zeit verlernt haben, wie sollen sie dann wissen, was sie wollen oder nicht wollen?«

»Gute Frage! Und hier nun endlich meine einzige konkrete Antwort: Das geht nur, indem sie liebevoll zu sich selbst stehen. Indem sie den Mut haben, Verantwortung für sich zu übernehmen, die anderen vor den Kopf zu stoßen und ins kalte Wasser zu springen. Das ist der einzige Weg.«

»Vor den Kopf stoßen?«

»Ja. Aber nicht in dem allgemein verstandenen Sinne, dass man jemanden verbal angreifen oder bloßstellen soll. Ich meine damit schlichtweg die sehr mutige Entscheidung, eine Veränderung des eigenen Lebens einzuleiten. Und zwar in dem Wissen, dass es anderen vielleicht nicht gefallen wird. Das nenne ich gesunden Egoismus. Übrigens auch etwas, das man bereits in der Schule lernen sollte! Die Angehörigen werden sich über das neue Glück freuen. Selbst dann, wenn es eventuell zunächst einmal scheitert.«

Mir fiel ein, dass Richard wissen musste, wovon er sprach. Auch er hatte schon mehrmals im Leben Entscheidungen zu seinem eigenen Wohle und gegen den Willen seiner Angehörigen getroffen. Er war aus dem Elternhaus früher als erwartet ausgezogen, um ein Studium zu beginnen, anstatt die Firma des Vaters zu übernehmen. Und er hatte seine Frau verlassen, mit der er nicht mehr glücklich war. Ich hatte nicht den Eindruck, dass er diese Entscheidungen bereute.

»Nachdem du die Scheidung überstanden und den Job gewechselt hattest, ging es da in deinem Leben sofort bergauf?«

»Nicht schlagartig. Wie du weißt, nahmen meine Frau und mein Sohn mir die Scheidung übel. Ich zog sie trotzdem durch, weil ich sah, dass mein Lebensglück davon abhing. Und da ich neu anfangen wollte und wusste, dass Materielles häufig nur Ballast für die Seele darstellt, überließ ich meiner Frau kampflos das Haus sowie einen Großteil meiner Ersparnisse. Da ich während meiner Ehe ja nicht wirklich gelebt hatte und der einmalige jährliche Familienurlaub der einzige Luxus war, den wir uns – abgesehen von einem enormen Überschuss an materiellen Gütern - gönnten, hatte ich durchaus Ersparnisse. Nach der Scheidung stand ich jedoch mit recht überschaubarem Budget in der Tasche da, so dass jeder andere wohl in Panik geraten wäre und sich angesichts dieser existenziellen Ängste vielleicht erschossen hätte. Aber ich war längst über den Punkt hinaus, an dem ich noch glaubte, Geld und Besitz könnten mich glücklicher machen. Also genoss ich meine Freiheit. Und da ich ohnehin bis zu beiden Knien darin stand, entschloss ich, auch noch mit dem Rest meines Körpers ins kalte Wasser zu springen und kündigte meinen gut bezahlten, aber langweiligen Job. Das war dann wohl der Punkt, an dem alle glaubten, ich sei übergeschnappt.«

»Das heißt, du warst arbeitslos?«

»Klar. Aber es war mir nicht peinlich, falls du das meinst. Auch das halte ich für eine gesellschaftlich konstruierte Schande. Und ein paar Ersparnisse hatte ich ja noch. So tat ich also das im Nachhinein einzig Richtige, das ich übrigens auch dir raten würde, falls du mal in eine Lebenskrise kommst: Anstatt mich zurückzuziehen, konfrontierte ich das Leben und schaute mich um. Ich reiste durch Europa, kam hier nach Südtirol und beschloss, dass ich hier den Rest meines Lebens arbeiten und leben will. Da ich derzeit aber noch in München wohne, baute ich mir eine Brücke zu meinem Traum, so dass ich jetzt als Busfahrer arbeite. Mit überschaubarem Gehalt, aber dafür mit zigfach gesteigerter Lebensqualität.«

Ich betrachtete ihn von der Seite. Was für ein Mann! Nie zuvor hatte ich einen Mann getroffen, der mich derart faszinierte und inspirierte.

»Ich sage, dass man nur herausfindet, was man will, indem man ausprobiert. Indem man so viel Lebenserfahrung sammelt wie möglich und am besten auch mal etwas wagt. Wer niemals ein Risiko eingeht, hat nicht wirklich gelebt.«

Mir entfuhr ein spöttisches Schnauben. »Du meine Güte, da müsste man wohl sehr viele Erfahrungen sammeln, wenn man in all den möglichen Lebenswelten dieser Erde Erfahrungen haben wollte, um alles auszuschließen, was einem nicht liegt. Und dann hat man immer noch nicht herausgefunden, was einem *tatsächlich* entspricht.«

Ich erwartete eine Belehrung von Seiten meines Begleiters, doch er nickte zustimmend.

»Völlig richtig. Deshalb habe ich einen nützlichen Tipp für dich, den ich bei Kurt Tepperwein gelesen habe. Natürlich ist es nicht möglich, eine derart hohe Anzahl an Erfahrungen zu sammeln. Etwa alle Berufe der Welt auszuprobieren oder an jedem Ort einmal zu leben. Selbst wenn man einen Großteil all dessen ausprobiert hätte, wüsste man noch nicht garantiert, was denn nun der richtige Weg ist und was man eigentlich will. Zumal dies im Laufe des Lebens mit der wachsenden Persönlichkeit variieren kann. Um aber abzukürzen und per Ausschlussverfahren all jene Wege auszuschließen, die nicht dein persönliches Lebensglück darstellen, empfiehlt Tepperwein Folgendes: Stell dir einmal vor, du hättest eine Reise gebucht und bereits alles Nötige für diese Reise zusammengepackt. Dummerweise ist dir – warum auch immer - am Tag der Reise völlig entfallen, wohin die Reise denn führen soll. Du findest die Tickets nicht mehr, die dir den Weg weisen könnten. Was kannst du tun, um dich zu erinnern?«

»Das ist ja einfach«, maulte ich.

Richard schenkte mir einen gespielt drohenden Gesichtsausdruck. »Es ist ein Spiel, lass dich einfach drauf ein!«

»Aber das ist doch ganz klar. Ich würde in mein Gepäck schauen. Dann sehe ich, was ich eingepackt habe. Vielleicht ist auch ein Reiseführer darin, dann weiß ich es genau.«

»Gut. Nehmen wir aber an, es sei kein Reiseführer eingepackt. Dafür findest du einen Taucheranzug, Schnorchel und Flossen sowie eine Badehose. In diesem Fall könnten wir also ausschließen, dass es sich bei der geplanten Reise um eine Expedition an den Nordpol oder eine Bergtour in den Alpen handelt. Würdest du hingegen Wanderschuhe und einen Wanderstock vorfinden, läge der Verdacht einer Wanderreise nicht so fern. Verstehst du, worauf ich hinaus will?« Verständnislos schüttelte ich den Kopf.

»Was ich anhand dieses Beispiels aufzeigen will, ist, dass man einen Großteil unnötiger Lebenserfahrung ausschließen kann, wenn es darum geht, seinen Weg und seine Wünsche herauszufiltern. Lass uns das Leben als eine Reise betrachten, deren Ziel für unsere Wünsche und unser Lebensglück steht. Dass wir nicht wissen, was wir eigentlich in diesem Leben wollen, liegt daran, dass wir es schlichtweg vergessen haben. Wir haben vergessen, wohin die Reise gehen soll. Wir finden das Ticket nicht mehr. Also können wir uns lediglich an unserem Gepäck orientieren, das wir ja bereits bei uns tragen. Und nun wird es interessant: Dieses Gepäck steht im übertragenen Sinne für unser Potenzial. Für unsere Stärken, aber auch Schwächen. Für unsere genetische Veranlagung. Für unsere Fähigkeiten, unsere Talente, unsere Vorlieben und Abneigungen. Für unsere Hobbies und so weiter. Wenn wir unser Gepäck nun also betrachten und feststellen, dass wir eine Reihe vermasselter Noten in Mathematik und Physik in der Schule aufweisen können, dann können wir in der Regel ausschließen, dass unser tiefster Herzenswunsch eine Karriere als Mathematiklehrer oder Astronaut ist. Ich will nicht ausschließen, dass sich Interessen und Fähigkeiten im Laufe des Lebens ändern. Doch im Großen und Ganzen ist diese Methode ein hilfreicher Schritt auf der Suche nach den verborgenen Herzenswünschen und einem Lebensweg, der unserer Veranlagung entspricht. Ist nun deutlicher geworden, was ich damit sagen möchte?«

»Das ist genial! Wenn man es so betrachtet, scheiden automatisch zahlreiche Möglichkeiten aus. Selbst wenn man fähig dazu ist, in Situationen hineinzuwachsen und sich neues Wissen anzueignen, kann man ja in der Regel davon ausgehen, dass der eigene Lebensweg und die eigenen Herzenswünsche mit Dingen zu tun haben, die wir gut können und gerne tun. Alles, worauf das nicht zutrifft, können wir demnach ausschließen.«

»So ist es. Eine einfache, aber sehr effiziente Methode, die ich selbst bereits in unzähligen Phasen meines Lebens erfolgreich anwenden konnte. Es sollte allerdings auch gesagt werden, dass selbst diese Methode uns nicht davor bewahrt, eventuell auf einen Scheideweg zu geraten. An einen Punkt, an dem wir dazu aufgefordert werden, aus einer Reihe an Möglichkeiten zu wählen. Entscheidungen sind ein Kapitel für sich und gewiss keine leichte Kost.«

Dass Entscheidungen keine leichte Kost sind, musste man mir nicht erklären. Zwar war ich bislang in meinem kurzen Leben von der Pflicht, tiefgreifende Entscheidungen zu treffen, verschont geblieben, doch erahnte ich bereits jetzt das enorme Ausmaß der Überforderung, die spätestens nach dem Abitur, bei der Frage der Berufswahl, auf mich zukommen würde. Die Fülle an Möglichkeiten, die uns die heutige Zeit in jedem Lebensbereich bietet, macht eine Entscheidungsfindung nicht unbedingt einfacher.

»Entscheidungen zu treffen fällt den meisten Menschen schwer«, seufzte Richard. Ob es meine Mimik war, die ihm stets wieder verriet, was gerade in meinem Kopf vorging? »Entscheidungen und ihre Konsequenzen können geringeren oder höheren Ausmaßes sein. In jedem Fall jedoch stellen sie Chancen, Meilensteine auf unserem Weg dar, weshalb man einer Konfrontation auch in diesem Fall nicht aus dem Weg gehen sollte.«

»Möglich«, erwiderte ich, »doch wie weiß man, welche Entscheidung richtig ist?«

»Ob eine Entscheidung richtig ist, werden wir häufig erst später beurteilen können – wenn überhaupt. Denn zum einen handelt es sich bei *richtig* und *falsch* um rein subjektiv interpretierte Begriffe. Und zum anderen ist es so, wie Steve Jobs in seiner Harvard-Rede *Stay hungry* formuliert hat: Dass das Leben zwar nur vorwärts gelebt, jedoch nur in der Rückwärtsschau begriffen werden kann. Ob eine Entscheidung letztlich richtig war, muss jeder für sich entscheiden. Es ergibt sich daraus die Frage, ob denn eine Fehlentscheidung wirklich ein Fehler wäre oder sich daraus vielmehr neue Chancen und Perspektiven entwickeln.« Ich war nicht sicher, ob ich da folgen konnte.

»Ich will dich damit nicht nerven. Nur so viel lass dir gesagt sein: Ein Scheitern macht eine zuvor getroffene Entscheidung nicht zwangsläufig zu einer Fehlentscheidung. Und solltest du einmal vor einer größeren Entscheidung stehen, dann nimm dir ein Blatt Papier und schreibe in aller

Ruhe auf, was es denn eigentlich ist, das du nicht loslassen willst. Von was glaubst du dich verabschieden zu müssen, wenn du dich für eine andere Option entscheidest? Was ist der Preis für diese Entscheidung, im Positiven wie im Negativen? Und was kann im schlimmsten Fall passieren, wenn es eine falsche Entscheidung war? Diese Gedanken schriftlich festzuhalten kann dir dabei helfen, das Für und Wider verschiedener Auswahlmöglichkeiten und die Konsequenzen einer Entscheidung abzuwägen. Meist verliert sie dadurch ihre Bedrohlichkeit und die Konsequenzen werden greifbarer. Und selbst wenn du noch immer Angst hast, die vermeintlich falsche Entscheidung zu treffen, dann frage dich, ob es denn letzten Endes wirklich so tragisch wäre, einmal eine falsche Entscheidung getroffen zu haben. Aber nun genug davon. Wenn es erst so weit ist, wirst du die Situation schon meistern.«

13 Die Aussicht von unserer Hotel-terrasse war unbeschreiblich. Ich konnte mich nicht daran sattsehen. Während unserer Unterhaltung winkte Richard plötzlich jemandem zu. Ein junger Mann um die fünfunddreißig kam zu uns an den Tisch. Ich erfuhr, dass sich die beiden von einer Bergtour kannten, denn der junge Mann, Peter, war Bergführer.

»Setz dich doch«, lud ihn Richard ein. »Was willst du trinken? Ihr seid meine Gäste.«

Peter befreite sich von seinem schweren Rucksack, setzte Hut und Stock ab und befreite sich, zu meiner Belustigung, zunächst einmal von seinen schweren Wanderschuhen, ehe er ein Bier bestellte. Er machte auf mich den Eindruck eines Mannes, der die Gelassenheit für sich gepachtet hatte. Ihn konnte wohl nichts so schnell aus der Ruhe bringen. Eine Fähigkeit, die ich bewunderte.

»Ich freue mich immer, wenn ich Peter treffe«, strahlte Richard und klopfte seinem Bekannten auf die Schulter. »Aber heute ganz besonders. Denn Peter kann auch so manchen wertvollen Beitrag zu unserer Unterhaltung beisteuern. Weißt du, Peter, wir haben uns heute schon den ganzen

Nachmittag mehr als ausführlich über das Thema Verantwortung unterhalten. Und darüber, wie man seine Träume verwirklicht.«

»Aha«, erwiderte Peter und nahm einen kräftigen Schluck Bier. Er schien halb verdurstet. »Und wie kann ich euch dabei behilflich sein?«

An mich gewandt berichtete Richard: »Unser guter Peter hat vor knapp 10 Jahren auch etwas erlebt, das sein Leben veränderte.«

Er ließ Peter selbst erzählen. So erfuhr ich, dass dieser mit etwa 25 Jahren einen schweren Wanderunfall gehabt hatte. Nach einem Absturz hatte er im Koma gelegen und dabei eine Erfahrung gemacht, die mir unter dem Begriff *Nahtoderfahrung* vertraut war.

Spontan fiel mir ein, was ich einmal in einem Buch von Dr. Raymond Moody gelesen hatte. Menschen, die im klinischen Sinne schon einmal gestorben waren und sogenannte Nahtoderlebnisse gehabt hatten, waren sich demnach alle darüber einig, dass sie vor allem zwei Dinge bereuten, beziehungsweise gelernt hatten: dass es im Leben darum geht, zu lieben und zu lernen. Das Sammeln von Erfahrungen scheint sich dabei mit dem Lernen zu decken. Denn wer sich im Leben nicht von der Stelle bewegt, *lernt* in der Regel auch nicht viel dazu. Wahrscheinlich höchstens das,

117

was er nicht will. Aber da man sich auf die Stelle gefesselt fühlt, redet man sich das erträglich und handelt gar nicht erst weiter.

Ich erzählte meinen Begleitern von meinem Wissen über die Nahtoderfahrungen. Richard war begeistert. »Ausgezeichnet. Und der Neurochirurg Dr. med. Eben Alexander erzählt in seinem faszinierenden Buch *Blick in die Ewigkeit*, dass er bei seinem Nahtoderlebnis die Botschaft erhielt, dass er für immer zutiefst geliebt und geschätzt wird. Dass er nichts zu befürchten hat und somit letzten Endes nichts falsch machen kann.«

Ich hatte gehofft, auch von Peter zu erfahren, was er persönlich bei seinem Erlebnis erfahren hatte. Doch er lauschte nur gebannt unseren Worten, ohne etwas beizusteuern.

»In demselben Bericht erzählt Eben Alexander im Übrigen auch, erfahren zu haben, dass das Böse an sich in jeder Ebene der zahlreichen Universen existieren soll, jedoch nur in winzigen Mengen. Es diene demnach lediglich dazu, die Ausübung des freien Willens zu ermöglichen.«

Diese Aussage begriff ich nicht gleich, so dass mir Richard auf die Sprünge half. »Ob das alles tatsächlich so geschieht, wie es die Nahtoderlebnisse schildern und ob es tatsächlich zahlreiche Universen und Zeiten gibt, weiß ich nicht. Lassen wir das einmal beiseite. Aber die eigentliche Botschaft finde ich in jeder Hinsicht unendlich wertvoll, denn sie nimmt uns den Schrecken vor den weniger angenehmen Dingen des Lebens. Es bedeutet ja: Wenn immer alles gut wäre und nichts Schlechtes oder Unangenehmes im Leben existierte, dann gäbe es ja nur das Gute. Unter welchen Optionen sollten wir dann wählen? Es wäre kein freier Wille möglich und nötig und somit würde ein Leben – im Sinne der Lebensschule – seinen Sinn verlieren. Es gäbe ja keine Entscheidungen zu treffen und somit auch keine Entwicklung. Irgendwie besteht das Leben aus zahlreichen Entscheidungen und Erfahrungen. Man stirbt in jedem Leben viele Tode, muss immer wieder loslassen und ins kalte Wasser springen. Und das ist auch gut so. Wenn wir das so akzeptieren und uns das im Hinterkopf speichern, fällt uns vieles im Leben leichter und wir können uns bewusster entscheiden und uns weiterentwickeln. So, wie wir unser Leben gestalten wollen.«

Ich war hin und weg von seinen Worten. So hatte ich das noch nie betrachtet. Gerade in meinen frühen Pubertätsjahren hatte ich ein Talent dafür gehabt, vor allem die negativen Dinge im Leben zu sehen und zutiefst zu verurteilen, was mich viel Energie gekostet und schließlich mein

Weltbild verfestigt hatte, dass das Leben an sich schwer und traurig sei. Ich konnte oder wollte nicht sehen, dass diese vermeintlich traurigen Erfahrungen eine sehr positive Funktion haben. Nämlich die, uns die Wahl zu lassen, sich bewusst für das Glück entscheiden zu können.

»Wenn wir schon beim Thema Nahtoderlebnisse sind«, mischte sich Peter schließlich doch ein, »hast du eigentlich Angst vor dem Tod?«

Ich musste nicht lange nachdenken. »Nein. Das heißt, ich habe Angst vor dem Tod geliebter Menschen. Aber nicht vor meinem eigenen.«

Peter fuhr sich durch die hellbraunen Locken. »Das ist interessant. Ich habe noch selten jemanden getroffen, der den Tod nicht fürchtet. Vor allem in deinem Alter.«

»Nun«, erklärte ich. »Das liegt daran, dass ich viel über den Tod nachgedacht habe. Und um ehrlich zu sein, gerade in den frühen Pubertätsjahren gab es eine Phase, in der ich mich fragte, wie es wäre, mit dem Leben abzuschließen.«

»Oh ja, diese Phase gab es bei mir damals auch. Und weißt du was? Vielleicht sind wir dadurch sogar im Vorteil. Ich habe beobachtet, dass durch die intensive Beschäftigung mit der Thematik des Sterbens, der Tod seinen Schrecken zunehmend verliert. Und ich glaube, dass ein Leben ohne Angst vor dem Tod sehr viel leichter und nicht von dieser ständig hintergründig anwesenden Traurigkeit verdeckt wird, dass man ja eines Tages ohnehin gehen muss.«

»Sehe ich auch so«, stimmte Richard zu.

Peter lächelte. »Das ist schön. Denn für die meisten sieht das anders aus. Bei genaueren Nachforschungen zeigt sich, dass die Angst vor dem Tod die wohl größte Angst der Menschen darstellt, die in unserer Gesellschaft nach bestem Bestreben unterdrückt wird, wo es nur geht. Ja, die Medien befassen sich mit dem Tod. Man sieht ihn ja in Filmen, in Büchern, in Zeitungen. Aber es ist in der Regel der Tod von anderen, nie unser eigener. Diese Gedanken werden gezielt verdrängt und treiben somit automatisch in unserem Unterbewusstsein ihr Unwesen.«

Bei diesen Worten musste ich an ältere Menschen denken, die ich einmal während eines Praktikums in einem Altersheim kennengelernt hatte und die scheinbar den lieben langen Tag lang nichts anderes zu tun hatten, als davon zu reden, wer wieder alles gestorben sei und dass es ja bei ihnen auch nicht mehr allzu lange dauern dürfte. Viele von ihnen lebten zwar noch Jahrzehnte, aber sie sprachen dennoch nur *davon*, so dass es fast den Eindruck erweckte, sie würden geradezu da-

rauf warten, selbst abgeholt zu werden. Und stattdessen taten sie kaum noch etwas anderes.

»*Gerade* wenn ich wüsste, dass ich nicht mehr
allzu viel Zeit vor mir habe, würde ich diese Zeit
nutzen. Sonst kann man gleich gehen.«

»Damit sprichst du einen sehr wichtigen Aspekt an. Was ich jetzt sage, ist die wohl nützlichs-
te Lektion meines Lebens.« Peter musste wissen,
wovon er sprach. »Ich bin dermaßen überzeugt
davon, dass es ein jedes Leben bereichert, dass ich
dafür meine Hand ins Feuer legen würde.«

»Aber nein, das wird nicht nötig sein«, scherzte
Richard. »Wie lautet diese Lektion?«

Ich war ehrlich gespannt. So viel ich heute
auch schon gelernt hatte, fehlte mir noch das alles
entscheidende Argument, das ich nie wieder vergessen und das mich sozusagen dazu zwingen
würde, alle Ausreden abzulegen.

»Du kennst doch sicher die Worte *carpe diem*,
nicht wahr?«, fragte Peter.

»Sicher. Das ist geradezu ein Modespruch, der
sogar auf Dekoartikeln und Wänden steht.«

»Das ist wahr. Und an und für sich ein guter
Gedanke! Wenn sich die Leute, die sich das Zeug
aufhängen, nur selbst daran halten würden.«

Tatsächlich fiel mir in diesem Moment kein
einziger Mensch ein, bei dem ich den Eindruck

hatte, dass er *carpe diem* umsetzte. Dass er seinen Alltag für Dinge nutzte, die ihm wichtig waren. Die meisten Menschen gingen brav in die Arbeit, abends erschöpft heim, aßen zu viel und landeten dann vor dem Fernsehen oder gleich im Bett.

»Wie gesagt, ich finde *carpe diem* eine sehr einfache und dennoch sehr weise Formel und es ist mein Wunsch, mich auch selbst jeden Tag daran zu halten. Aber noch viel mehr auf den Punkt gebracht finde ich die Steigerung davon. Das – dem spätmittelalterlichen Mönchslatein entsprungene - *Memento mori*.«

Da ich ihn verständnislos anblickte, fragte er: »Du hattest wohl kein Latein in der Schule? Nun, *memento mori* ist wohl eine Verballhornung von *memento moriendum esse*, was so viel bedeutet wie: *Bedenke, dass du sterben musst*. Bitte nicht erschrecken!«, fügte er rasch, aber im Scherz hinzu und ich musste mir eingestehen, dass ich mit dieser Bedeutung nicht gerechnet hatte. Bedenke, dass du sterben musst? Vielleicht machte mir das Thema Tod doch noch ein wenig Angst.

»Weißt du, ich verstehe den ersten Schrecken dieser Aussage. Da versucht die westliche Welt mit allen Mitteln, das Thema ihres eigenen Sterbens zu verdrängen und nun verlangt dieses *memento mori* plötzlich die Konfrontation!«

»Natürlich, da bleiben die meisten doch lieber bei *carpe diem*«, schmunzelte Richard.

»Ja. Der Haken dabei ist nur, dass wir Menschen ja ziemlich faule Tiere sind, die in der Regel nur dann wirklich handeln und die Initiative ergreifen, wenn sie müssen. Oder vielleicht, wenn es ohnehin schon zu spät ist. *Carpe diem* bietet immer noch die Option zu sagen, *tue ich's heute nicht, tue ich's morgen.*«

»Aber was du heute kannst besorgen, das verschiebe nicht auf morgen!« Richard kicherte.

»Eben. Deshalb gebe ich euch den wertvollsten Ratschlag, den ich zur Verfügung habe: Bedenke, dass du stirbst! Es könnte morgen sein, in zehn Jahren, in fünfzig - oder schon heute Abend.«

Was für eine Vorstellung! Auf gewisse Weise hat der Tod doch etwas Unheimliches an sich, vor allem wenn er plötzlich kommt.

»Und wisst ihr«, fuhr Peter fort, »obwohl die durchschnittliche Lebenserwartung durch medizinisch-technische Fortschritte und bessere Hygiene steigt, wächst gleichzeitig die Möglichkeit, eines plötzlichen oder sehr schnellen Todes zu sterben. Etwa durch Schlaganfälle, Herzinfarkte, Herz-Kreislauf-Erkrankungen oder Krebs. Ich empfehle ohnehin, Bücher zu diesem Thema zu lesen und Stress und Übersäuerung zu vermeiden. Aber das ist ein anderes Kapitel. Das Thema Tod ist in jedem Fall immer aktuell.«

»Mag ja sein, aber ist es denn wirklich sinnvoll, jeden Tag daran zu denken, dass man stirbt?«

»Ich sehe, du bist einer der Menschen, der alles abwägt und relativiert. Aber in diesem Fall sage ich dir ganz klipp und klar: Ja, es ist sinnvoll. Und wenn du den Mut hast, dann versuche sogar, mehrmals täglich daran zu denken.«

»Aber wozu denn, das ist doch furchtbar deprimierend, oder nicht?«, zweifelte ich.

»Tja, das ist der große Irrtum. Da die Menschen sich vehement gegen den Gedanken an die eigene Sterblichkeit wehren, deprimiert sie der Gedanke. Stattdessen verhalten sie sich, als seien sie, beziehungsweise ihr Körper, unsterblich. Das Problem ist, dass dabei jedoch meistens die Gefahr besteht, das Leben zu wenig zu schätzen. Es als selbstverständlich zu erachten. Aus dieser Unachtsamkeit gegenüber dem eigenen Leben und dem Leben an sich heraus, resultiert, dass man die Dinge, die man gerne tun würde, die Erfahrungen, die man gerne sammeln und die Lektionen, die man eigentlich gerne lernen würde, meist ein Leben lang vor sich herschiebt, um bei der ganzen Aufschieberei letzten Endes ein sehr durchschnittliches und unbefriedigendes Leben zu führen.

Aufschieberitis ist eine sehr viel schädlichere Krankheit, als bisher erkannt wurde.«

Weiß Gott, diese Krankheit kannte ich nur zu gut. Ich versuchte mich mit dem Gedanken anzufreunden, mir mein eigenes Ende jeden Tag vor Augen zu führen. Trotz des anfänglichen Schreckens gewöhnte ich mich schnell an diese Einstellung und erkannte, welch unermessliche Vorteile sich daraus ergaben. Wenn ich mir vorstellte, ich hätte nur mehr ein Jahr zu leben, würde ich dieses Leben definitiv anders gestalten, als in dem Wissen, noch viele Jahrzehnte vor mir zu haben. Dann würde ich mich gewiss nicht mehr mit grauem Alltag herumplagen. Ich würde so viel wie möglich reisen, würde meine Familie besuchen. Mir fielen unzählige weitere Dinge ein, die ich tun würde. Warum also all das nicht jetzt schon tun? Selbst wenn man weiterhin zur Schule oder in die Arbeit geht. Wer zu wenig Zeit hat, macht etwas falsch. Und wenn wir doch so viel Zeit haben, warum also sollten wir all die schönen Dinge nicht schon heute tun, die wir tun würden, wenn wir unser Ende in nächster Nähe wüssten?

Mir wurde außerdem bewusst, dass es dabei im Grunde gar keine Rolle spielt, ob man an einen tieferen Sinn des Lebens oder an ein Leben nach dem Tod glaubt. Wenn ich mit absoluter Sicherheit wüsste, dass es einen Sinn im Leben gibt und dass dieser in engem Zusammenhang mit meinem eigenen Glück steht, würde ich alles daran setzen, mich zu bemühen und meinen eigenen Vorstellungen von einem erfüllten Leben gerecht zu werden. Ich würde mein Leben so gestalten, dass es mir Freude macht. Und so, dass ich bei einem Leben nach dem Tode nichts zu bereuen hätte und mich über meinen großen Fortschritt freuen könnte. Und selbst wenn ich wüsste, dass es weder einen tieferen Lebenssinn, noch ein Überleben des Bewusstseins gibt, würde ich meine wertvolle Lebenszeit erst recht nutzen, wie es mir gefällt. Jedoch ohne unmoralische Lebensweisen, da ich davon ausgehe, dass diese grundsätzlich keine Basis für ein erfülltes Leben darstellen. So oder so wäre es in meinen Augen töricht, das eigene Leben nicht nach den eigenen Erwartungen zu gestalten. Ob man nun viele Leben zur Verfügung hat oder nur dieses eine. Und dann erst recht!

 **14** »Hape Kerkeling schreibt in seinem Buch über den Jakobsweg an einer Stelle, dass wohl jeder Mensch nach Halt in seinem Leben sucht. Er kommt zu der überaus faszinierenden Erkenntnis, dass der einzige Halt letztlich darin besteht, loszulassen.«

Ich war baff. Zum einen, weil ich ein solch tiefgründiges Zitat nicht von dem Komiker Hape Kerkeling erwartet hätte. Zum anderen, weil ich nach wie vor, trotz unzähliger Bücher, nicht ganz begriff, was es bedeutete, loszulassen.

»Es würde mich ehrlich gesagt auch wundern, wenn du in deinen jungen Jahren schon ganz und gar begriffen hättest, was es heißt, loszulassen«, fand Richard. »Ich muss gestehen, dass auch ich erst allmählich die ganze Dimension dieses Motivs erfasse und es mich immer wieder aufs Neue erschaudern lässt, welche Macht dieses kleine Wort innehat. Loslassen. Nun, ich will dir diese Erfahrung nicht vorkauen, denn so oder so wirst du sie erst begreifen, wenn du sie erlebt hast. Sei es, weil dich das Leben dazu zwingt oder weil du selbst erkennst, welch unermessliche Befreiung das Loslassen bedeutet.«

Peter stimmte ihm zu. »Bezogen auf unscr Beispiel *memento mori* würde es bedeuten, den Zwang, die eigene Sterblichkeit zu verleugnen, loszulassen. Sich der Gewissheit offen hinzugeben, dass dieser Körper im Durchschnitt nur 960 Monate und somit rund 29000 Tage lebt. Wohlgemerkt, ich spreche von unserem Körper, nicht von unserem Bewusstsein.«

»Zugegeben, das ist harter Stoff. Aber ich weiß, dass du schon weit bist und dass du es dir merken wirst«, ermutigte mich Richard.

»Verstehe. *Memento mori*, das wird von jetzt an mein Lebensmotto«, lachte ich.

»Ausgezeichnet. Das Meine ist es auch. *Memento mori* beraubt uns jeder Ausrede, die Dinge im Leben auf die lange Bank zu schieben. Und dass ich heute so zufrieden bin, verdanke ich diesem Motto.« Das glaubte ich Peter gerne. Ich wusste, auch ich würde es niemals vergessen.

Nach einer Weile fragte Peter: »Sag mal Richard, wenn du so verliebt in diese Landschaft bist und deinen Job liebst, warum lebst du dann eigentlich noch nicht fest hier?«

Er schien Richard aus dem Konzept gebracht zu haben. Geradezu nervös blickte dieser auf den Boden und rieb sich den Hals.

»Hm, ertappt«, lachte er verlegen. »Das ist wohl eine meiner Schwachstellen. Ihr seht, auch der alte Klugscheißer hat Ängste.«

»Welche Ängste?«, wollte ich wissen.

»Nun ja, ich habe das Gefühl, zwar unbedingt nach Südtirol zu wollen. Aber wisst ihr, wie soll ich sagen?« Offensichtlich fiel es auch ihm nicht leicht, über tiefsitzende Dinge zu sprechen, die noch nicht gelöst waren. »Ich habe so viele Jahre in München gelebt, zusammen mit meiner Frau und meinem Sohn. Und obwohl ich dabei nicht glücklich war, fällt es mir nach wie vor schwer, mich endgültig loszureißen. Damit wären wir wieder bei einem Beispiel für das Loslassen. Manchmal bedeutet loslassen, innerhalb seines Lebens bewusst einen Tod zu sterben. Es bedeutet eine Form des Selbstmordes. Zumindest denkt man das, wenn man sich davor fürchtet, ins Wasser zu springen. Zutiefst menschlich, denke ich.«

Dagegen wollte ich Einspruch einlegen. »Aber du hast mir doch heute so oft erklärt, dass es sich lohnt, diesen Tod zu sterben? Nach allem, was du gesagt hast, wünschte man sich danach geradezu, man hätte diesen Sprung früher gewagt!«

Wieder schien er sich ertappt zu fühlen und schaute verdattert drein. »Hm, stimmt. Genau *so* war es bisher immer. Man stirbt nicht im kalten

Wasser. Es lohnt sich. Unglaublich, da doziere ich klug daher und vergesse bei einem konkreten Beispiel, es bei mir selbst anzuwenden.«

»Das ist zutiefst menschlich, denke ich«, sagte ich. Wir blickten uns schweigend an.

»Ich verstehe das doch richtig, eigentlich willst du gerne ganz neu anfangen?«, unterbrach Peter grinsend unsere Zwiesprache.

»Doch, ich möchte eigentlich gerne weg aus München. Ich will etwas Neues! Die Vergangenheit ist vergangen und zu meiner Exfrau ist definitiv keine Verbindung mehr vorhanden. Nach all den Jahren ist sie meines Wissens auch drüber weg und hat ein neues Glück gefunden.«

»Was ist es dann?«, fragte ich vorsichtig.

»Es ist die Angst, nicht mehr zu schaffen, etwas wieder gut zu machen.«

Ich ahnte, in welche Richtung wir uns bewegten. »Was wieder gut zu machen?«

Er riss sich zusammen und erklärte: »Ich habe den Eindruck, dass ich nicht ganz frei bin, solange ich das mit meinem Sohn nicht geklärt habe. Mit diesem Gefühl würde immer etwas zu meinem Glück fehlen. Ich habe diese Erfahrung mit meinem Vater gemacht. Es wurde nie geklärt.«

Einen Moment lang erschrak ich. Ich wusste, dass sein Vater ein wohlhabender, aber wohl nicht ganz einfacher, ein dominanter Mann war, der seinen Sohn gerne erniedrigte. Der ihm wohl nie verziehen hatte, dass er die Firma nicht übernahm, ein Studium begann und dann als Busfahrer endete, was aus Sicht des Vaters sicher ein absoluter Skandal war. Sicherlich kein schönes Verhältnis. Aber ich hatte nicht daran gedacht, dass der Vater möglicherweise nicht mehr am Leben war. Vielleicht, dachte ich bei mir, hatte Richard nie die Gelegenheit gehabt, das zu klären. Ich beschloss jedoch, nicht zu fragen. Auf einmal erschien mir dieser weise Mann zutiefst menschlich und verletzlich. Wir befanden uns nun auf einer Höhe und schauten uns in die Augen. Erstmals wagte ich es, ihn zu berühren. Ich legte ihm behutsam die Hand auf die Schulter. »Du kannst erst gehen, wenn das mit deinem Sohn geklärt ist?« Er nickte.

»Aber du hast deinen Sohn doch seit Jahren nicht gesehen? Demnach ist die Wahrscheinlichkeit wohl eher gering, dass der Stein so schnell ins Rollen kommt«, meinte Peter vorsichtig.

»Tja, da gibt es nur einen Weg«, sagte ich bestimmt. Ich erkannte mich kaum selbst wieder.

Richard wartete auf meine Erklärung. »Was meinst du damit?«

»Nun, dein Sohn wird sich nicht bei dir melden. Also bist du an der Reihe. Wenn du frei werden willst, dann kläre diesen Konflikt. Gehe *du* auf ihn zu und suche das Gespräch. Ihr hattet ja jetzt genug Distanz, also ist es an der Zeit, wieder Nähe herzustellen. Er bedeutet dir ja offensichtlich nach wie vor sehr viel?«

»Weiß Gott, ja, das tut er. Aber ich kann mir nicht vorstellen, dass er mit mir reden will.«

Peter fragte: »Was hast du zu verlieren?«

Er seufzte und zuckte mit den Schultern. »Er könnte mich abweisen, dann ist alles gescheitert.«

»Du hast also Angst zu scheitern?«, fragte ich und musste unwillkürlich grinsen.

Endlich schien auch bei ihm der Groschen gefallen zu sein. Er blickte auf und schaute uns mit einem herrlich verdatterten Gesichtsausdruck an.

»Tja«, sagte ich frech, »dann ist es wohl an der Zeit, ins kalte Wasser zu springen.«

 **15** Unglaublich, wie schnell die Stunden vergangen waren. Wir hatten nur mehr eine Stunde in Bozen, ehe wir zurück nach München fahren mussten. Aber obwohl die Stunden so rasch verflogen waren, war es ein unglaublich intensiver Tag gewesen, so dass ich den Eindruck hatte, mehr erlebt zu haben, als in den letzten drei Jahren zusammen.

Vielleicht, so dachte ich, ist die Zeit immer das, was wir aus ihr machen. Sie kann kriechen oder geradezu rasen. Doch wie intensiv das darin Erlebte ist, hängt davon ab, was wir daraus machen. Ob wir das tun, was uns entspricht, oder eben nicht. Das reimt sich. Und was sich reimt ist gut und wahr, wie es so schön heißt.

Richard und ich mussten bereits in Richtung Busbahnhof gehen. Zu unserer Freude hatte Peter entschlossen, uns ein Stück zu begleiten.

»Ich hoffe, unser philosophisches Geschwafel war dir heute nicht zu viel? Tut mir Leid.«

»Nein, es war mir wirklich nicht zu viel. Ganz im Gegenteil, es war ein wundervoller Tag! Ich werde ihn mein Leben lang nicht vergessen. Wie kann ich dir nur jemals dafür danken?«

Richard wirkte sichtlich gerührt. »Das werde ich auch nicht, glaub mir. Weißt du, es ist nicht nur, dass mich diese Dinge, über die wir heute philosophiert haben, interessieren. Es ist mir auch ein besonderes Anliegen, meine Ansichten mit Menschen zu teilen, die offen dafür sind. So wie du. Ich finde es großartig, wie viel du für dein Alter schon weißt. Egal was andere sagen, egal, was du ansonsten für Schwächen hast. Daran kann man arbeiten. Aber ein durchschnittliches, unbefriedigendes Leben kann man am Ende nicht mehr bearbeiten, das kann man nicht mehr ablegen. Vielleicht hat man diese Chance im nächsten Leben. Aber am Ende eines Lebens ist es für *dieses* Leben schlichtweg zu spät, da hilft alles Klagen und alle Reue nichts. Deshalb versprich mir, dass du daran arbeitest, deine Lebensträume, Wünsche und Ziele herauszufinden und zu verfolgen, unabhängig davon, was die anderen tun und sagen und unabhängig davon, was du gelernt und erlebt hast. Wenn dich etwas glücklich macht, dann kann es nur richtig sein. Und dann versprich mir, dass du dich durch nichts und niemanden von deinem Weg abbringen lässt!«

»Ich verspreche es«, sagte ich leise und musste gegen meine Tränen der Rührung ankämpfen. Dieser Mann berührte mein tiefstes Inneres.

»Gutes Mädchen«, lachte Peter und legte mir den Arm um die Schulter. »Lass dir nicht deinen Willen brechen. Nimm nicht dein Leben lang irgendwelche Jobs an, die dir gar nichts bedeuten. Und bitte, höre nicht auf solche Sprüche wie den Einwand, wohin es denn führe, wenn alle nur noch ihrem Traumjob nachgehen würden. Denn zum Einen wird es wohl so schnell nicht dazu kommen, dass jeder Mensch aus dem Hamsterrad ausbricht und seinen Wunschtätigkeiten nachgeht, so dass die Wirtschaft nicht zusammenbricht und es immer jemanden gibt, der die vermeintlich undankbaren Aufgaben erledigt. Außerdem bin ich der Überzeugung, dass die Menschen dermaßen unterschiedlich sind, dass es immer jemanden geben wird, der beispielsweise sehr gerne morgens um fünf in der Backstube steht und Brötchen backt, während ein anderer lieber bis mittags schläft und als Nachtportier in einem Hotel arbeitet. Lass also keine Ausreden zählen. Du bist es dir selbst schuldig, glücklich zu sein.«

»Und wenn es mich glücklich macht, reich zu werden, indem ich eine Bank ausraube?«

»Tja, erstens glaube ich nicht, dass du der Typ bist, so etwas zu tun. Und zweitens würde dich das ohnehin nicht glücklich machen. Glück, das darauf basiert, einem anderen bewusst etwas zu nehmen oder ihm zu schaden, kann nicht halten. So etwas steht also nicht zur Debatte. Aber abgesehen von Kriminalität und Verrat fällt mir nichts ein, was du nicht tun dürftest, wenn es dich glücklich macht. Und ich sage dir, wenn du es dir selbst wert bist – und das solltest du unbedingt – dann tue aus Selbstliebe nicht nur, was die anderen tun, um dich anzupassen. Die Geschichte hat gezeigt, dass die Masse nicht immer Recht hat. Also verschwende deine Energie nicht damit, dich in das Korsett des perfekten Lebenslaufs zu zwängen. Es geht um dein *Leben*, nicht mehr und nicht weniger. Sei keine Kopie. Jemand hat einmal gesagt: *Jeder Mensch wird als Unikat geboren, doch die meisten von uns sterben als Kopie.*«

Wieder ein Zitat, aber ein verdammt gutes. »Ja, das verspreche ich dir. Wenn ich schon lebe, dann so wie ich es will. Das ist mein bestes Recht.«

Richard nickte mit einem Gesichtsausdruck, der für mich nach Stolz aussah. Er war stolz auf mich. Und ich war es auch.

»Der Weg ist das Ziel«, sagte er. »Aber ohne Ziel ist es trotzdem so eine Sache. Es lohnt sich nicht, sich der Masse anzupassen, wenn dabei Lebensträume und –ziele auf dem Spiel stehen.«

»Ich denke«, erwiderte ich »dass die meisten Menschen einfach gewohnt sind, praktisch zu denken. Vielleicht wissen sie sogar, was ihr Traumjob, ihr Traumleben wäre. Oder sie wissen es nicht. Da es aber zu viel Zeit in Anspruch nehmen würde, darüber nachzudenken und anderweitige Erfahrungen zu sammeln, um schließlich auf den Traumjob zu stoßen, bleiben sie lieber im sicheren Hafen und gehen weiterhin ihrer gewohnten Tätigkeit nach. Schließlich müssen Rechnungen bezahlt sein. Und den bisherigen Lebensstandard wollen sie auch nicht aufgeben.«

»Gut erkannt«, entgegnete Richard. »Sicherlich ist die Angst, finanziell gesehen etwas einbüßen zu müssen, ein großes Hindernis, wenn es um den Traumberuf oder das Wunschleben an sich geht. Und dann spielt natürlich auch wieder das Weltbild eine Rolle, das diese Menschen von den Eltern übernommen und dermaßen verinnerlicht haben, dass sie krampfhaft daran festhalten und sich geradezu weigern, sich selbst zuliebe eine neue Perspektive zu entwickeln.«

Er versank in Schweigen. Peter fuhr an seiner Stelle fort: »Du weißt vielleicht, wie festgefahren gerade die Ansichten der Menschen, die seit jeher in Orten ländlicher Gebiete leben, sein können. So kenne ich hier in Südtirol beispielsweise einen Apfelbauern. Die Wiesen hat er von seinem Vater übernommen und sein ganzes Leben lang hat er im Grunde - abgesehen von der Schule - nichts anderes getan, als auf diesen Wiesen zu arbeiten und im Laufe der Zeit eine Menge Geld damit zu erwirtschaften, um immer neue Apfelwiesen hinzuzukaufen. An sich also eine lobenswerte Leistung. Aber weißt du, was ich mich frage? Kann es denn wirklich sein, dass das sein Traumjob ist? Denn dann würden diese Menschen doch glücklicher aussehen. Im Grunde tun sie ihr Leben lang etwas, das sie nicht wirklich erfüllt, nur um immer mehr Geld anzuscheffeln, das in neue Grundstücke fließt. Aber dennoch ist das Einzige, das sie sich gönnen, ein zweiwöchiger Familienurlaub. Nun kann natürlich jeder Mensch sein Leben gestalten, wie er es möchte. Und ob jemand mit seiner Situation glücklich ist oder nicht, kann nur jeder für sich selbst entscheiden. Dennoch fällt mir auf, dass dieser Apfelbauer nur ein Beispiel von unzähligen ist. Obwohl er, wenn man alle seine Grundstücke mitzählt, im Grunde mehrfacher Millionär ist und sich mit diesem Geld ein schönes Leben machen könnte und selbst die nachfolgenden Generationen noch davon leben könnten, plagen diese Menschen sich von Tag zu Tag weiter und werden es noch tun, bis sie eines Tages umfallen. Dann haben sie einen Haufen Geld, haben aber nie etwas davon gehabt und werden es ziemlich wahrscheinlich auch nicht mitnehmen können. Ebenso wenig wird es im Himmel eine Medaille für ihren Fleiß geben. Wozu dann das alles? Nur, damit sie die Anerkennung der Leute im Dorf bekommen?«

»Das heißt, wir leben in erster Linie, um zu arbeiten. So wie wir es gelernt haben. Wir vergessen, dass die Idee des Arbeitens ursprünglich war, davon leben zu können, nicht umgekehrt.«

»Exakt, das möchte ich damit sagen. Als dieser Apfelbauer in meiner Gegenwart einmal zu seiner Frau sagte, andere hätten zwar die Zeit, aber sie hätten dafür das Geld und als er noch stolz auf diese Tatsache zu sein schien und lachte, da war ich zutiefst überrascht und mir wurde bewusst, dass dieser Irrglaube, dass es im Leben in erster Linie um das Anschaffen von Geld und materiellen Gütern ginge, ein Phänomen ist, das sich über viele Jahrhunderte hinweg durchgesetzt hat und insbesondere ein Phänomen der Nachkriegsgeneration darstellt. Dass diese Lebensgestaltung vor allem einem bestimmten Zweck dient: Die Anerkennung der Leute zu bekommen. Die Tatsache, dass man selbst dabei im Grunde kein eigenes Leben führt und mit der Zeit möglicherweise krank wird, wird diesem Bestreben nach Anerkennung und Besitz untergeordnet. Und das, obwohl man alle Voraussetzungen dafür geschaffen hätte, ein erfülltes und glückliches Leben, jenseits der jahrhundertealten Fremdbestimmung, zu führen. Nun, jedem das Seine. Ich persönlich habe mich für einen anderen Weg entschieden.«

»Ich glaube, mir ist der andere Weg auch deutlich lieber«, schnaubte ich.

Schließlich erklärte Richard: »Wenn du all dieses Wissen erst einmal verinnerlicht hast, wenn du siehst, wie unendlich wertvoll diese Weisheiten für dein Glück sind, dann bist du bereit, dein Wissen zu teilen. Dadurch gibst du anderen die Chance, ebenfalls das für sie Beste aus ihrem Leben herauszuholen.« Allmählich kam ich mir vor wie ein Apostel, doch er hatte Recht. »Aber nicht alle Menschen sind an diesen Dingen interessiert. Und nicht alle sind bereit dazu. Es ist wichtig zu wissen, dass jeder Mensch einen anderen Entwicklungsstand hat. Du kannst lediglich Impulse geben. Kannst Menschen inspirieren. Wenn sie das bewusst von sich schieben, dann lass ab von ihnen. Und dann kann es natürlich sein, dass die Menschen zwar interessiert zuhören, aber sobald sie merken, dass ihre Eigeninitiative und Selbstverantwortung gefragt sind, haben sie allerlei Gegenargumente à la *Es ist halt nicht so einfach. Du bist ja noch so jung, da hast du gut reden. Wenn*

du so alt bist wie ich, wirst du anders denken.
Oder *Wenn du erlebt hättest, was ich erlebt habe,
würdest du anders denken.* Das ist die Furcht vor
Eigenverantwortung. Es ist nämlich nicht nur unsere Unfähigkeit, vor der wir uns fürchten. Vielmehr fürchten wir unsere Fähigkeiten, denn diese
bedeuten Verantwortung. Gehe nicht auf Diskus-
sionen ein. Vielleicht kommen sie eines Tages auf
dich zurück, aber für den Moment lasse sie weiter
jammern. Vielleicht bedeutet das für sie das größte Glück, aber das können nur sie selbst beurteilen. Die großen Weltreligionen und Sekten machen den Fehler, andere bekehren zu wollen, wo-
durch nie wirklicher Glaube erreicht werden kann.
Wenn jemand lieber alles relativiert und abwägt,
ohne einen konkreten Standpunkt zu entwickeln
oder sein Leben auf der immer selben Stelle wei-
terlebt, lasse ihn. Relativieren, Entschuldigen und
Jammern bringt nichts. Verantwortung heißt, einen Standpunkt einzunehmen und dafür gerade zu
stehen. Auch wenn man zunächst einmal scheitert.
Für das brave Abwägen, ohne letztlich zu handeln,
gibt es am Ende keine Medaille. Ebenso wenig
wie man das Geld mitnimmt und dafür eine Belohnung bekommt. Die größte Sünde ist es, aus
seinem Leben nichts gemacht zu haben.«

 **16**   Trotz aller Erkenntnisse, die ich an diesem Tage gewonnen hatte, war mir eine wesentliche Sache unklar geblieben. »Ähm«, setzte ich an, »ich kann alles nachvollziehen, was ihr mir gesagt habt und ich stimme allem zu. Aber was mir noch nicht ganz klar ist, wie kann ich all dieses Wissen miteinander kombinieren? Du hast heute Mittag ja gesagt, Richard, man könne nicht jeden Tag gut drauf sein. Aber dennoch propagierst du das positive Denken. Du sagst, man könne nicht jeden Menschen lieben. Aber wir sind uns einig darüber, dass die Liebe das Wichtigste im Leben ist. Mir fällt es schwer, das alles in Einklang zu bringen.«

Richard lachte. »Entschuldige, mein Geschwafel war wirklich wahnsinnig ungeordnet. Für einen Vortrag könnte ich das keinesfalls verwenden! Aber du bist eine hervorragende Schülerin. Du hast gut aufgepasst, beinahe hätte ich die letzte Prämisse vergessen!«

»Die letzte Prämisse?«

»Aber ja, das letzte Element, das die ganze Sache rund macht! Nun, wie so oft bei Gefühlen und inneren Einstellungen, lässt sich auch diese Prämisse schwer in Worte fassen. Aber ich kann es umschreiben. Weißt du, ich glaube, das Leben ist erst dann erfüllt und … nun ja, eben rund, wenn du nicht mehr suchen musst. Da du erkennst, dass alles längst da ist. Dass du dich in diesem Vertrauen fallen und alles loslassen kannst. Wenn du erkennst, dass du zwar aus der Einheit insofern herausgetrennt bist, als du ein eigenständiges Individuum bist, während du in deiner Seele gleichzeitig ein Tropfen des unendlichen Stromes des Lebens bist und bleibst, so dass dir letzten Endes nichts geschehen kann. Wenn du dich nicht mehr abstrampelst, sondern die scheinbar negativen Dinge so nimmst, wie sie sind. Wenn du erkennst, dass letzten Endes alles richtig ist, so wie es ist. Dass alles gut ist. Das bedeutet Loslassen, das bedeutet Glück. Das bedeutet Leben.«

Das war ein harter Brocken. Ich spürte, dass ich an dieser Stelle wohl etwas länger brauchen würde, um es zu verinnerlichen.

»Das ist kein Wunder«, fügte er wieder einmal an der richtigen Stelle hinzu. »Es geht nicht darum, jeden Tag happy zu sein, jeden Menschen zu lieben und den perfekten Lebenslauf zu haben. Verstehst du? Es geht darum, einfach loszulassen und zu erkennen, dass alles gut ist. Darum, dass man erkennt, dass gerade durch das Traurigsein, gerade durch die Tränen, wahres Glücklichsein möglich ist. Und wenn du dich nicht mehr zwingst, jeden zu lieben, kannst du dich selbst und alle anderen letzten Endes viel mehr lieben, als unter Zwang. Und wenn du erst einmal deinen vermeintlich unperfekten Lebenslauf zu lieben lernst und auch das eventuelle Scheitern als Chance erkennst, dann fällt der große Druck von dir, Dualität identifizieren zu müssen. Dann kannst du dich fallen lassen, die Welt in ihrem Gesamten betrachten und lächeln. Denn du weißt, dass alles gut ist. Dann ist wahres, inneres Glück und letztendlich wahre Liebe möglich.«

»Na Richard, du bringst das Mädel ja ganz durcheinander«, ermahnte ihn Peter neckisch. Das geht doch viel einfacher!«

»Bitte, dann kläre uns auf.«

»Klare Sache: Sei einfach wie ein Berg.«

Richard und ich schauten uns fragend an. Welche Eigenschaften hatte ein Berg? Starr, groß, kalt? Ich konnte das beim besten Willen nicht in Zusammenhang bringen.

»Ist doch ganz einfach«, prahlte unser Bergführer. »Ein Berg sieht alles von seinem Thron aus. Von da oben hat er den Überblick über unser Leben und verliert sich nicht, wie wir, in Details. Wir dürfen im Alltag einfach nicht den Überblick über unser Leben verlieren. Hin und wieder ist Innehalten angesagt. Wie ein Berg sollten wir dann von oben herab auf unser Leben blicken. Da sehen wir ganz deutlich, ob unsere Probleme wirklich groß, oder aber ganz klein und unbedeutend sind und ob wir vor allem noch auf der richtigen Straße, oder aber einer Sackgasse fahren. Da staunst du, was Richard?« Richard zog symbolisch seinen Hut vor ihm.

Auf gewisse Weise leuchtete mir der Vergleich mit dem Berg ein. Vielleicht fehlte es mir noch an der nötigen Lebenserfahrung, um ganz nachvollziehen zu können, was damit gemeint war. Ich wandte ein, dass man selbst von dort oben doch nicht zwangsläufig wüsste, was in bestimmten Situationen zu tun sei. Nicht immer war der Straßenverlauf von da oben klar zu erkennen.

Es war Richard, der antwortete. Er verwies auf den Fluss, an deren Ufer wir entlang spazierten. Es herrschte dort inzwischen ein angenehm mildfeuchtes Abendklima. »Wenn du dir vorstellst, du wärst in den reißenden Fluten eines Flusses, so wie unserer Eisack beispielsweise, gefangen. Du drohst zu ertrinken, hast panische Angst. Was wäre in diesem Fall einfacher? Zu versuchen, gegen den Strom zu schwimmen? Oder sich einfach treiben zu lassen?«

»Aber das wäre schrecklich«, rief ich. »Da hätte ich ja niemals eine Chance. Sieh dir diese Wassermassen an und die Felsen! Also wirklich...«

Lachend verdrehte Richard die Augen. »Na schön, vielleicht ein zu drastisches Beispiel. Dann stelle dir eben vor, du wärst ein Fisch. Du kannst also nicht ertrinken. Aber wäre es nicht dennoch einfacher, sich mit dem Strom treiben zu lassen, anstatt gegen diese Wassermassen anzukämpfen, in dem Versuch, flussaufwärts zu schwimmen?«

Ich kam ins Grübeln. »Ja, das wäre sicherlich einfacher. Aber du hast mir doch heute erklärt, dass man im Leben gerade *nicht* abwarten und alles auf sich zukommen lassen soll? Dass man das Leben selbst in die Hand nehmen und dafür sorgen soll, dass das, was einem wichtig ist, auch eintrifft. Wieso soll ich mich nun doch wieder nur im Wasser treiben lassen? Sollte ich den gefährlichen Felsen nicht besser aktiv ausweichen?«

»Verstehe mich nicht falsch. Es stimmt alles, was du gerade gesagt hast. Genau so sehe ich das auch. Wenn ich also sage, man solle sich mit dem Strom des Lebens treiben lassen, dann meine ich nicht, dass man tatenlos bleiben und alles beim Alten belassen sollte. Ich beziehe dieses Sich-treiben-lassen vielmehr nur auf all jene Dinge, die man eben *nicht* entscheiden kann. Die das Leben

148

beisteuert, ob man will oder nicht. Die unange-nehmen, traurigen und lästigen Dinge. Gegen die-se Wassermassen anzukämpfen, raubt unendlich viel Energie. Und letztendlich reißt der Fluss uns vermutlich so stark mit sich, dass wir keine Kraft mehr haben, zu schwimmen, geschweige denn in die gewünschte Richtung zu steuern.«

Ich nickte bedächtig. »Nun begreife ich es. Es geht darum, das Leben so zu nehmen, wie es ist. In Bezug auf alles, was nicht zu ändern ist. Aber sich mit dem Strom treiben zu lassen und dabei selbst die Richtung zu bestimmen und alles, was in unserer Macht steht, zu tun, um unser Leben *so* zu gestalten, wie es unseren Wünschen entspricht. Das ist unsere Aufgabe.«

Unsere Blicke trafen sich. Schier eine Ewigkeit sagte keiner ein Wort, keiner wandte den Blick ab. Schließlich atmete Richard tief ein und wieder aus und sagte: »Es ist jetzt so weit. Zeit zu gehen.«

Auch der Abschied von Peter war traurig, aber herzlich. Dafür war ich um eine Freundschaft und eine neue Adresse reicher.

 **17** Wir stiegen in den Bus ein. Es tat zu gut, nach der vielen Lauferei an diesem langen Tag endlich zu sitzen. Immer wieder blickte ich vor zu Richard, der am Steuer saß. Und wenn ich das Lächeln sah, das um seine Lippen spielte, dann wusste ich, dass alles, was er mir heute gesagt hatte, stimmte. Von Zeit zu Zeit trafen sich unsere Blicke im Rückspiegel und er zwinkerte mir zu.

Noch immer konnte ich kaum fassen, wie sich dieser Tag entwickelt hatte. War das wirklich erst heute Morgen gewesen, als ich so müde und schlecht gelaunt in den Bus gestiegen war? Wie ich dort mürrisch und erschöpft auf der Sitzbank gesessen und eigentlich gar nicht so recht gewusst hatte, was ich mit meiner Zeit anfangen sollte? Was für ein Tag! Und was für tolle Menschen, die mir all diese Weisheiten mit so einer Authentizität vermittelt hatten, dass ich gar nicht umhin konnte, sie als meine Wahrheit aufzunehmen.

Und doch waren es nur Menschen. Auch Richard, der ebenso Schwächen und Stärken besaß, wie ich selbst. Der Fehler machte. Der auch seine Konflikte auszutragen und so manchen Knoten aus der Vergangenheit noch zu lösen hatte. Und dennoch hatte ich keinen Zweifel daran, dass er das tun würde, denn er hatte verstanden, wie die Gesetze des Lebens funktionieren.

Ich war, zugegebenermaßen, jedoch auch stolz auf mich selbst und war froh, dass auch *ich* ihm in gewisser Hinsicht hatte weiterhelfen können. Bei der Sache mit seinem Sohn hatte er sich so tief in dem sprichwörtlichen Walde verirrt, dass er ihn vor lauter Bäumen nicht mehr sehen konnte und daher die derart banale Lösung gar nicht erkannte. Nun würde er das Gespräch suchen, so hatte er versichert, und würde seinem Sohn seine Sicht der Dinge erläutern. Er würde ihm sagen, wie wichtig er ihm war und dass er sich freuen würde, auch nach seinem Umzug nach Südtirol, den Kontakt zu ihm zu halten und dass seine Türe jeder Zeit für ihn offen stünde. Das war *seine* »Hausaufgabe«, wie er es genannt hatte.

Und auch mir hatte er eine Hausaufgabe mit auf den Weg gegeben. »Fang einfach an«, hatte er nochmals gesagt, ehe wir in den Bus einstiegen. Er meinte natürlich das Schreiben. Auf meine Bemerkung hin, dass ich wohl bislang Angst hätte, nicht erfolgreich zu sein, meinte er: »Du schreibst ja in erster Linie für dich selbst, nicht für die anderen. Und außerdem: Wenn auch nur ein einziger Mensch deine Worte liest und auch nur einen kleinen Aspekt für sich daraus aufgreift, der sein Leben zum Besseren hin verändert oder ihm nur eine einzige schöne Lesestunde ermöglicht, dann war es nicht umsonst.«

Ehe wir in den Bus einstiegen, hatte Richard einen Abstecher in ein Schreibwarengeschäft gemacht und mir ein buntes Notizbuch gekauft. Ich konnte es kaum erwarten, mit dem Schreiben zu beginnen! Worüber, wusste ich ja nun.

Der Gedanke, dass wir uns abends verabschieden müssten, tat weh. Er hatte nicht nach meiner Telefonnummer gefragt oder mit irgendeinem Wort erwähnt, dass wir uns wieder sehen würden. Ob er es beim Abschied noch tun würde? Aber gut, dachte ich bei mir und ließ mich in den Sitz sinken. Ich wusste ja, wo er zu finden war.

Im goldenen Lichte der Abendsonne fuhren wir in Richtung Tirol. Und irgendwo hinter diesen Giganten lag München. Auch wenn ich es noch nicht sehen konnte, wusste ich, dass es da war.

Das Leben ist erst erfüllt, ist erst dann rund, so hatte Richard gesagt, wenn man nicht mehr verzweifelt suchen muss, sondern erkennt, dass alles längst da ist. Selbst dann, wenn man es noch nicht sehen kann. Dieses Urvertrauen wollte ich zu meiner Grundhaltung machen. Mir keine Sorgen mehr zu machen, kein Geld zu haben, weil ich ohnehin immer versorgt sein werde. Keine Angst zu haben, alleine zu sein, weil ich weiß, dass ich *immer* geliebt werde. Keine Angst vor dem Scheitern zu haben, weil ich weiß, dass letztendlich alles richtig ist. Zu wissen, dass alles gut ist, so wie es ist und dass ich hier bin, um mein Leben so zu gestalten, dass ich glücklich bin. Das bedeutet Urvertrauen. Es bedeutet loszulassen.

Das Gesetz der Resonanz besagt, dass wir stets genau *das* in unser Leben ziehen, woran wir denken und was auf unserer Wellenlänge liegt. Wenn ich also wüsste, was ich mir von meinem Leben wünsche, dann würde die Resonanz mir die bestmöglichen Hilfen zukommen lassen, so hatte Richard erklärt. Folgt man seinen Wünschen, so braucht man keine Angst haben, zu scheitern. Es wird immer zur richtigen Zeit Hilfe kommen.

Man kann nicht tiefer fallen, als in Gottes Hand, kam mir spontan in den Sinn. Zwar hatte ich für mich heute nicht die Frage geklärt, ob es Gott gibt und was er ist. Und dennoch, wie ich so aus dem Fenster des Busses auf die dunklen Riesen unter dem goldenen Sonnenuntergang blickte, da fühlte ich mich auf einmal nicht mehr klein und unbedeutend, sondern begriff, dass ich ein fester und wichtiger Bestandteil dieses Universums war.

Und ich spürte, mein Glück war erwünscht. Ich brauchte keine Angst davor zu haben.

Vielleicht hatte ich nur noch fünf Jahre zu leben. Vielleicht sechzig. Es war in Ordnung für mich, die konkrete Dauer nicht zu kennen. Aber da ich das Glück hatte, zu wissen, dass es nicht ewig gehen würde, wollte ich die Chance ergreifen, mein Leben selbst in die Hand zu nehmen.

Nun konnte mich auch mein Sitznachbar nicht mehr aus dem Konzept bringen, der bereits fünf Minuten nach Abfahrt wieder eingeschlafen war und wieder selig vor sich hinschnarchte.

Es geht nicht darum, jeden Tag happy zu sein, jeden zu lieben, das "perfekte" Leben zu führen. Es geht nicht darum, alles Negative zu verdrängen. Am liebsten hätte ich diese frohe, allwissende Stimmung in mir gespeichert, so dass sie den Rest meines Lebens erhalten bliebe. Ich wusste, das war nicht möglich. Ich wusste, dass ich vielleicht bereits tags darauf mit dem falschen Fuß aufstehen oder eine Erkältung bekommen und meine gute Laune daraufhin nachlassen könnte. Aber ich wusste nun, dass das in Ordnung war. Alles war in Ordnung. Und diese Gewissheit machte mich so gelassen und fröhlich, dass ich wusste, dieses Glück würde von heute an ewig währen.

 **Epilog**   Wieder und wieder streiche ich über das bunte Notizbuch, über die abertausenden handgeschriebenen Zeichen. Schwer zu fassen, was für ein Gefühl das ist, wenn man sein aller erstes Schreibprojekt beendet hat. Bald wird es veröffentlicht sein. Und obgleich ich nicht weiß, ob auch nur ein einziges Exemplar davon gekauft wird, erfüllt mich der Gedanke mit reiner Freude, einen Traum von mir selbst erfüllt und die nötigen Schritte zu seiner Erfüllung durchgezogen zu haben. Das war ich mir selbst schuldig. Und allein dieses erfüllende Gefühl war die ganze Arbeit wert.

Wie werde ich Luise, Richard, Peter und Ivana nur jemals genug danken können? Nun, auf jeden Fall werde ich ihnen ein Exemplar meines Büchleins zukommen lassen. Ich werde sie auf jeden Fall bald wieder in Bozen besuchen.

Als Leser kann man sich vielleicht fragen, ob ich seit diesem Ausflug nun wirklich jeden Tag guter Laune bin und schon in der Früh Bäume ausreißen könnte? Die ernüchternde Antwort lautet: Nein. Ich kenne immer noch miese Tage, an denen mich vieles einfach nur ankotzt. Die gute

155

Nachricht ist jedoch: die schönen Tage überwiegen - und das immer mehr.

Es geht weniger um die Tagesverfassung, als vielmehr um die grundsätzliche Lebenseinstellung. Oft genügt ein einziger Tag, um eine neue Perspektive zu gewinnen und mit leichterem Herzen und mehr Freude durch das Leben zu gehen.

Ich trinke einen Schluck von meinem Kaffee. Mein Ausflug, und somit auch unser Gespräch, hätte überall stattfinden können. Auch andernorts hätte ich erfahren können, was Lebensfreude bedeutet. Was es heißt, zu genießen. Und dennoch bin ich sehr froh darüber, zur richtigen Zeit am richtigen Ort gewesen zu sein.

Und Richard? Er muss meine Adresse beim Reiseveranstalter herausgefunden haben. Ich blicke auf das Foto vor mir. Es zeigt zwei winkende Männer im Wanderoutfit, auf einer Alm in Südtirol. Die Ähnlichkeit zwischen Vater und Sohn ist nicht zu übersehen.

Noch ein Schluck Kaffee. Die angenehme Wärme rinnt mir die Kehle hinunter. Jeden Tag gönne ich mir nun diese Auszeiten, egal wie stressig der Alltag manchmal ist. Dann denke ich an all das, was ich erfahren habe. Es waren viele Aspekte. Nicht alle konnte ich mir im Detail merken. Aber es geht um die zentrale Botschaft.

Ich will ein Leben, das meinen eigenen Vorstellungen entspricht. Das bedeutet in der Praxis, dass ich selbst konsequent etwas dafür tun muss, meine Träume zu erfüllen. Dass ich jeden Tag etwas Zeit damit verbringe, mir Gedanken über meine Träume und darüber zu machen, wie ich sie erreichen kann. Schritt für Schritt. Wir müssen selbst die Verantwortung dafür übernehmen und etwas dafür tun. Es wird uns niemand abnehmen.